Sybille Günther

GROSSES EINMALEINS FÜR KLEINE ZAUBERER & HEXEN

Mit zauberhaften Spielen, Geschichten,
Rezepten und Tricks die magische Welt der Zauberei
und Hexerei erleben

Illustrationen von Vanessa Paulzen

Ökotopia Verlag, Münster

Impressum

Autorin: Sybille Günther

Illustratorin: Vanessa Paulzen

Satz: Studio Bandur, Idstein-Wörsdorf

ISBN: 3-936286-38-8

© 2004 Ökotopia Verlag, Münster

2 3 4 5 6 7 8 · 12 11 10 09 08 07 06 05

Inhaltsverzeichnis

Zum Geleit

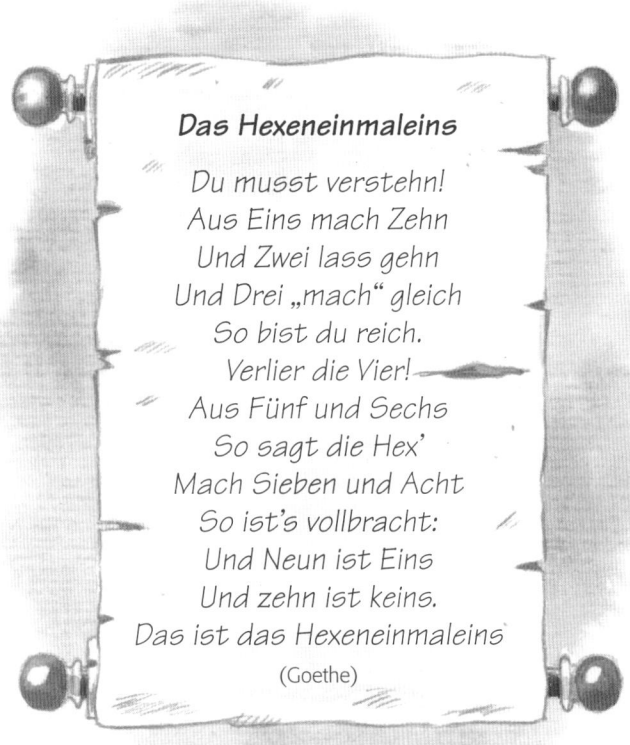

Das Hexeneinmaleins

Du musst verstehn!
Aus Eins mach Zehn
Und Zwei lass gehn
Und Drei „mach" gleich
So bist du reich.
Verlier die Vier!
Aus Fünf und Sechs
So sagt die Hex'
Mach Sieben und Acht
So ist's vollbracht:
Und Neun ist Eins
Und zehn ist keins.
Das ist das Hexeneinmaleins

(Goethe)

Der verschlüsselte Weg in die Welt der Hexen und Zauberer mit ihrem alten Wissen von magischen Zusammenhängen hat Menschen jeden Alters schon immer fasziniert! Kindern wird ein „magisches Alter" zugeschrieben und Zauberwissen und Zauberdinge halten sich in Märchen, Spielzeug und Spielen noch heute verborgen.

Der Wunsch magische Kräfte zu besitzen, lässt Vierjährige mit Zaubersprüchen Kinderzimmerteppiche im Geiste fliegen, Fünfjährige im Hexenrock aus Kräutern Zaubertränke rühren, Sechsjährige mit magischen Schwertern gegen Feuer speiende Drachen kämpfen, Siebenjährige im Zauberumhang Zaubertricks üben und Achtjährige neben magischen Schönheitstipps Horoskope studieren ... oder mithilfe eines Chemiekastens die alchemistischen Studien verfeinern.

Vielleicht findet ein Kind, angeregt durch die Ideen in diesem Buche, irgendwann einmal das Gold der Alchimisten, den Stein der Weisen. Das „Große Einmaleins für kleine Zauberer und He-

xen" birgt auf jeden Fall viele Geheimnisse, die entdeckt werden wollen!

Es gibt zwischen Himmel und Erde Dinge, die sich nicht so leicht erklären lassen, Dinge, die gar nicht dazu da sind erklärt zu werden – die selbst herausgefunden werden wollen! Dieses Buch ist dazu da, von solch wundersamen Dingen zu berichten, die darauf warten entschlüsselt zu werden – so wie das Hexeneinmaleins.

Es ist geschrieben für alle, die die Magie des Spieles lieben, das „so tun als ob", das letztendlich dazu da ist, Wünsche wahr werden zu lassen – im Spiel wie auch im Leben. Es gibt Impulse für Orakelstunden im Hexenhäuschen unter vier Augen, für Übungsstunden im stillen Kämmerlein, für zauberhafte Spiele im größeren Kreis, für magische Abenteuer auf der Zauberburg ... – Eine Fibel also für alle Zauberlehrlinge und Junghexen von 4 bis 3688 Jahren!

Von der Zeit der großen Hexen und Zauberer geht es ausgerüstet mit Zauberstab und Hexenbesen in die Schule der magischen Künste, die dazu anregen, selbst die Mysterien der Welt herauszufinden. – Irgendwann werden aus den Junghexen und Zauberlehrlingen dann vielleicht NaturforscherInnen, HistorikerInnen, KünstlerInnen oder SchriftstellerInnen, die ihre Wirklichkeiten auf Papier bringen ...

Mit einem Hexenkessel voller Spielideen feiern sie aber erst einmal gemeinsam die alten Feste der Hexen und Zauberer.

So ist das „Große Einmaleins für kleine Zauberer und Hexen" auf alle Fälle ein Buch, das Kinder im magischen Alter verzaubert, ihrer Fantasie Flügel verleiht und sie neugierig macht für alte Weisheiten und Heilkünste aus der Natur.

Bleibt nur noch zu sagen: „Hax Pax Max Deus Adimax" – oder zu Deutsch: „Sperrt Augen und Mund auf und staunt!"

Die Zeit der großen Zauberer und Hexen

Magie in der Altsteinzeit

Die Zeit der ersten Hexen und Zauberer lässt sich nicht mit einem Datum von ... bis ... bestimmen, wie wir es aus dem Geschichtsunterricht gewohnt sind. Um die Ursprünge des magischen Glaubens zu beschreiben, sind die ForscherInnen der Ur- und Frühgeschichte auf Deutungen von Grabbeigaben, Knochenfunden, Kultfiguren und Höhlenmalereien angewiesen. Erste magische Handlungen werden in der Altsteinzeit zum Zwecke des Nahrungserwerbes vermutet, wie Amulette aus Tierknochen und -zähnen beweisen. Dies war wohl die Geburtsstunde der vorchristlichen Naturreligionen, die auch Alte Religion genannt wird.

ForscherInnen beschreiben den Anfang der alten Religion mit dem Einsetzen der Eiszeit in Europa vor rund 35.000 Jahren. Damals sanken die Temperaturen und riesige Eismassen, die durch ihre machtvolle Bewegung Geröll und Steine vor sich auftürmten, schoben sich Richtung Süden. Von den Bewohnern der oft kargen Landschaften war außerordentliches Geschick gefordert, um zu überleben.
Die Männer jagten mit einfachsten Waffen, die Frauen versorgten die Kinder und sammelten Beeren, Kräuter, Pilze und Pflanzen, deren Wirkweise sie bald so gut kannten, dass sie sie auch gegen Erkrankungen einsetzen konnten.
Manch einer der Jäger war geschickter und manche Frau hatte mehr Kenntnisse über die Natur als die anderen, bemerkte sich anbahnende Naturkatastrophen schon ehe sie eintraten, und warnte so vor Gefahren. Nichts war wichtiger, als die Eigenschaften der Natur zu kennen und richtig zu bewerten, denn nicht nur das Schicksal Einzelner, sondern das Fortkommen der ganzen Gemeinschaft hing unmittelbar davon ab.

Die Männer und Frauen, die mehr Talent bewiesen, wurden in der Gemeinschaft sehr geachtete Personen, deren Rat man gerne beachtete. Sie waren die ersten Bindeglieder zu den Mächten der Natur. Ein magisches Spiel von Naturbeobachtung und Naturbeherrschung setzte den Grundstein zum magischen Glauben. Die Geschicktesten im Volk – die Tiere in Fallen locken konnten, die die Kraft bestimmter Pflanzen erkannten, und die den Lauf des Mondes und seiner schwellenden und schwindenden Kraft zu deuten wussten – wurden zu den Sehern der kleinen Gemeinschaften.

Diese Fähigkeiten wurden von den Urvölkern als besondere Gabe anerkannt. Durch den Einklang mit der Natur entstand eine Art Spiritualität. Das unsagbar Große und Ganze bekam einen Namen „Die Göttin". Sie beherrschte nicht die Welt, sie war die Welt – Himmel und Erde in einem. Das Weibliche war der Glaubensmittelpunkt, der ewige Kreislauf vom Werden, Vergehen und Werden, so wie der ewige Naturkreislauf es uns heute noch vormacht.

Magie im Altertum

Als unsere früheren Vorfahren allmählich sesshaft wurden, entstanden die großen Hochkulturen der Antike. Magie und Religion waren hier in den Ritualen eng verwoben. Die Bezeichnung Magier kommt vom altpersischen „magusch", dem Angehörigen der altpersischen Priesterkaste. Die Magier waren Priester der zoroastrischen Religion, einer Religion, die dem Menschen helfen soll zwischen Gut und Böse auf der Welt, sich für das Gute entscheiden zu können. Sie besaßen großen Einfluss durch ihre Sternkunde und Traumdeutung.

Während Magie in der Frühgeschichte der Menschheit dem reinen Überleben diente (der Nahrungssuche, der Vermeidung von Krankheiten, dem Verständnis der Naturgewalten und der Besänftigung der Götter und Geister), entwickelte sich die Beschäftigung mit Magie in der städtischen Zivilisation zu einer hoch spezialisierten Zunft, deren Angehörige über ein komplexes Geheimwissen verfügten. Zwar gab es Überschneidungen mit den vorherrschenden Religionen, doch behielten die Zauberkundigen eine Fülle mysteriöser Traditionen bei. Vor allem aus Ägypten sind viele alte Praktiken überliefert.

Im europäischen Raum sind uns vor allem die Druiden der Kelten ein Begriff, deren Verbreitungsgebiet bis 200 v. Chr. im Norden bis zur Rheinmündung, im Osten bis über die Oder hinaus und im Süden bis in die Schweiz reichte. Die Druiden kannten sich in Zeitläufen und Kalendern aus. Dies erforderte ein umfangreiches astronomisches Wissen. Die Kenntnis der wichtigen Tage im Jahr verlieh ihnen eine große Macht. Nur sie wussten, wann Feiertage anstanden, wann die beste Saat- und Erntezeit war, ab wann die Tage wieder länger oder kürzer werden. Das keltische Jahr richtete sich nach den Mondumläufen.

Die Druiden waren auch Richter, Rechtspfleger und Philosophen. Harmonie mit der Natur war die Grundlage ihrer Ethik, sie betrachteten Tiere, Pflanzen, Steine und Werkzeuge als Teil eines kosmischen Ganzen. Deshalb war es für sie selbstverständlich, dass alles mit Bewusstheit erfüllt ist. Tod und Sterben sahen sie nicht als etwas Endgültiges an, sondern als Stadium innerhalb eines Kreislaufes.

Sie kannten sich ebenfalls in der Heilkunst und Medizin aus, verfügten über Heilkräuterwissen, wussten Heilquellen, medizinische Bäder und Sauna wirksam anzuwenden. Zur Diagnose diente unter anderem die Astrologie, als Therapie das Sprechen magischer Formeln und die Durchführung von Ritualen, denn jede Krankheit galt ihnen auch als Krankheit der Seele.

Die Druiden waren auch Priester, Magier und Seher. Magie und Religion waren in vorchristlicher Zeit eng verwoben, Priestertum und Schamanismus (Geisterbeschwörung, zur Heilung von Menschen und zur Abwehr von Unheil) gingen Hand in Hand. Um das Wissen weiterzugeben, mussten die Druiden natürlich auch als Lehrer wirken. Junge Adlige erhielten ihre Ausbildung durch sie und mancher Druide stieg dadurch zum lebenslangen Berater auf. Sie mussten umfangreiche Wissensgebiete beherrschen, was besonders beachtlich ist, weil Wissen nur von Mund zu Ohr weitergegeben wurde. Auswendig zu lernen war dabei die bevorzugte Art.

Dieses Urwissen und tiefe Naturverständnis hielt sich bis zu den Anfängen der Christianisierung. Je männlich dominierter die Religion wurde, desto unheimlicher wurden den damaligen Zeitgenossen die aus ursprünglich weiblicher Spiritualität entwickelten magischen Künste. Bis schließlich im Mittelalter alle und alles verfolgt und ausgemerzt wurde, was an den alten magischen Glauben erinnerte. In dieser Zeit wurden hauptsächlich Frauen verfolgt, gequält und ermordet. Mit dem Mittelalter gingen viele weit entwickelte Heilkünste und tradiertes Urwissen verloren.

In der Frühgeschichte der Menschheit hießen spirituell Begabte und Kundige der magischen Künste Seher, Druiden, weise Frauen, Priester, Priesterin und Magier – je nach dem aus welchem Kulturkreis sie kamen.

Das Wort *Hexe* wurzelt im Griechischen *hagia* und es bedeutet „heilige Frau" oder auch Hebamme. Dies waren die weiblichen Schamaninnen des vorchristlichen Europa oder die Stammesmatriarchinnen, die die weisen Wege der Natur, der Heilung, der Weissagung, der Künste und der Traditionen der Göttin kannten.

Das englische Wort *hag* bezeichnet eine alte, hexenhafte Frau. So wurde aus dem Wort für Heilerin und Seherin durch einen langen Prozess des Patriarchats schließlich Dämonin und Verderberin. Im Deutschen geht das Wort Hexe auf das althochdeutsche Wort *hagazussa* zurück, verkürzt *häzissa*, mittelhochdeutsch *hecse*. Zu Grunde liegt das altgermanische *haeg*, „Zaun, Hecke". Eine Hagazussa war demnach jemand, der auf dem Zaun oder der Hecke ritt, auf der Grenze zwischen zwei Welten also.

Und heute?

Durch Ökologie und Frauenbewegung, durch eine neue Hinwendung zur Natur und dem Bedürfnis nach Spiritualität gibt es wieder ein großes Interesse an den alten schamanischen Kräften. Tatsächlich ist das Bedürfnis des Menschen, übersinnliche Kräfte zu erkennen, zu spüren und zu erzeugen, ungebrochen.

So haben alte Heilmethoden wieder Konjunktur, von der chinesischen Medizin bis zum indischen Ayurveda. Das Wissen wird meist in fremden Ländern gesucht. Dabei wird übersehen, dass es auch in unserem Kulturkreis eine lebendige Naturreligion mit magischen Elementen in ähnlicher Form wie bei allen Ureinwohnern in allen Ländern der Welt gegeben hat. Bei den Germanen und Kelten gab es heilige Plätze, Kraftzentren der jeweiligen Landschaften. Die Natur wurde nicht als totes Objekt, sondern als belebter Partner des Menschen empfunden und behandelt. Nur in sehr spärlicher Überlieferung hat diese alteuropäische Tradition weitergelebt, verfemt und verfolgt als „Hexentum".

Nur wenige haben altes Wissen über die Zeit der Hexenverfolgung gerettet und zwei möchte ich in diesem Zusammenhang besonders erwähnen:

Hildegard von Bingen (1098–1179), Theologin, Seherin, Naturwissenschaftlerin und Ärztin, war eine der bedeutendsten Frauengestalten des Mittelalters. Sie beriet Päpste und Kaiser, gründete ein Kloster und führte Briefwechsel mit vielen wichtigen Gelehrten ihrer Epoche. In ihren Schriften vereinte sie die Heilkunst der Antike mit den Erkenntnissen der arabischen Gelehrten und der traditionellen Heilkunst des Volkes.

Paracelsus (1493–1541), Arzt, Naturforscher und Philosoph, der mit richtigem Namen eigentlich Philipp Aureolus Theophrastus Bombastus von Hohenheim hieß. Er bekämpfte die damalige „Schulmedizin" sehr heftig und setzte ihr seine auf langen Wanderungen durch Deutschland, die Schweiz und Österreich erworbenen Kenntnisse der Volksmedizin sowie seine eigenen Erkenntnisse entgegen. Paracelsus war ein ganzheitlicher Mediziner, denn er sah den Menschen als Mikrokosmos in engem Zusammenhang mit dem Makrokosmos. Seine Philosophie enthielt auch astrologische und alchimistische Elemente.

Das Lachen des Merlin

Merlin heißt nicht nur eine Falkenart, sondern hieß auch ein sagenhafter, keltischer Magier, der um 480 im westlichen Wales gelebt und viele Wundertaten vollbracht haben soll. Die Sage berichtet, dass er, ein Druide der alten keltischen Religion, den jungen König Arthus in den Mysterien der Welt unterrichtet habe.
Die Sage erzählt, wie die alte Religion, die mit der Natur sehr verbunden war, aus der Welt gedrängt wurde und König Arthus, der in die Geschicke der Menschheit zu verstrickt war, letzten Endes machtlos dagegen war. Die Sage erzählt auch, dass König Arthus auf der Insel der Glückseligen in einem tiefen Schlaf liegt und darauf wartet, dass seine Zeit wiederkommt. Merlin soll in einem Zauberwald gebannt sein und niemand weiß, wann ihm die Rückkehr gelingt ...

Dem Zauberer Merlin wird nachgesagt, dass er, wurde er etwas gefragt, zunächst in schallendes Gelächter ausbrach. Ihr könnt euch vorstellen, dass ihm das einige Leute bitter übel genommen haben. Andere waren entrüstet, die meisten aber standen voller Unverständnis vor dem großen Zauberer. Hat er die Fragesteller denn nicht ernst genommen? Oh doch, hat er! Nur sein Sinn für Humor war eben besonders ausgeprägt – Lachen hat nämlich viel mit Erkenntnis zu tun!

Einmal wurde Merlin von einem seiner Schüler gefragt, wie er denn den heiligen Gral finden könne, von dem berichtet werde, dass er ewige Jugend verleihe. Merlin brach wiederum in schallendes Gelächter aus, unterbrochen von einem: „Entschuldige, aber ich muss einfach lachen!" Tränen stiegen ihm vor Lachen in die Augen. Erst allmählich kam er unter fürchterlicher Anstrengung wieder zur Ruhe, wischte sich mit einem Taschentuch die Augen und antwortete dem jungen Schüler:
„Mein Lieber, den heiligen Gral werden noch viele nach dir suchen und ich kann dir prophezeien, sie werden noch mindestens tausend Jahre nach einem Ding suchen, das sie für den heiligen Gral halten, doch die, die ihn in einem Gegenstand suchen, werden scheitern.

Aber vielleicht findest du den heiligen Gral. Du musst nur warten, bis du einen Ruf vernimmst. Die Zeit wird kommen und der Ruf kann ganz unterschiedlich sein. Aber du wirst erkennen, dass das der Ruf ist, dem du folgen musst. Du wirst dann wissen, was zu tun ist, und aufbrechen.

Wer fremde Gebiete betritt, erwirbt neues Wissen und Fähigkeiten, mancher staunt dann über sich selbst. Es werden Hindernisse auftreten. Manche sind zu feige, ihnen zu begegnen. Vielleicht stellen sich einem Drachen in den Weg – oder keulenschwingende Riesen – oder verführerische Gestalten, die einen auf Irrwege leiten wollen ... Doch es tauchen genauso Helfer auf, die seltsamsten, die man sich vorstellen kann, und sie heißen meistens „Zufall".

Letztendlich muss man sich Prüfungen und Herausforderungen stellen, dann folgt die Zeit der Einkehr und Besinnung und irgendwann die Erkenntnis. Die kann man nicht mit dem Verstand erzwingen, sie ergibt sich.

Was das heißt, was der Gral beinhaltet, das musst du selbst herausfinden, dann wirst du eins mit der Welt und dann wirst auch du im Nachhinein lachen über unser Gespräch. Aber lass dir noch eins gesagt sein, mach dich auf den Weg, denn das machen heute immer weniger. Es lohnt sich!"

Der Schüler bedankte sich bei Merlin und zog von dannen. Später heiratete er, bekam mit seiner Frau fünf Kinder und diese wiederum brachten Enkelkinder auf die Welt. Er selbst widmete sich der Musik und wurde ein berühmter Barde seiner Zeit. Im hohen Alter fing er plötzlich schallend an zu Lachen, drehte sich zu einem seiner Enkel um und fragte völlig unvermittelt: „Hast du schon mal gegen einen Drachen gekämpft?" Der Kleine verneinte. Zusammen ersannen sie sich Waffen und kämpften im Spiel gegen Drachen. Ob er den heiligen Gral gefunden hat? Wer weiß!

Die „Magischen Sieben Sachen" für kleine Zauberer und Hexen

Die „Magischen Sieben Sachen" für Junghexen

Im Hexenhäuschen

Bei Junghexen zu Hause geht es immer drunter und drüber, egal wie alt sie sind – ob 4 oder 444 Jahre. Sie haben so viel auszuprobieren, so viel Flausen im Kopf und so viele neue Ideen, dass sie immer ein leichtes Chaos umgibt. Dieses leichte Chaos aber ist es, das den Charme der Hexenbehausung ausmacht:

Überall im ganzen Haus sind Bücher verteilt, Kräuter hängen zum Trocknen, ein paar alte Teetassen finden sich gewöhnlich unterm Bett und so weiter. Ja, und dann sind da ihre Klamottenberge!!!! Ihr könnt es euch nicht vorstellen! Die Junghexe muss, bevor sie aus dem Haus geht, mindestens sieben Röcke übereinander ziehen, das ist „magisch", wie sie sagt. Und sie braucht ja nicht nur Röcke! Blusen, Pullis, Hüte und Tücher häufen sich ebenso. All die wunderbaren Hexenfetzen gibt es dann noch in vielfacher Ausfertigung, immer farblich abgestimmt, denn selbst die Farben wirken bei Hexen magisch.

Inmitten der ganzen kreativen Chaosberge leben im Hexenhäuschen viele Haustiere: ganz gewöhnliche wie Katzen und sonst eher ungewöhnliche wie zahme Raben, Ratten oder Frettchen, unterm Stein lebende Kröten, altehrwürdige Hausspinnen ... Ja sogar Amseln, die mal ins Haus reinhüpfen, oder Gartenrotschwänzchen, die zum Giebelfenster herein fliegen, sich auf den alten Kronleuchter setzen, tirillieren, um nur mal nach dem Rechten zu schauen, fühlen sich bei Hexen unglaublich wohl. Sie spüren, dass sie hier willkommen sind. Und so lebt praktisch das ganze Häuschen!

Stufen knarren vertraut, wenn jemand darüber läuft (nachts auch wenn niemand darüber läuft). Der Kronleuchter wiegt sich in der Zugluft, da die Fenster nicht so gut abgedichtet sind. Dafür bollert der alte gusseiserne Kanonenofen kräftig vor sich hin, damit die Wärme ja in alle Ecken geht. Falls der Ofen über Nacht mal ausgeht, hat die Junghexe immer ein paar selbst gestrickte Socken, Stulpen, oder Handschuhe mit halben Fingern zum Drüberziehen parat. Sie verzichtet beim Stricken auf die Fingerkuppen, weil sie zum Hexen ein gutes Fingerspitzengefühl braucht. Außerdem würde sie sich mit ihren langen Fingernägeln sowieso in der Wolle verheddern! Mit der Wolle, die beim Stricken übrig bleibt, spielen die Katzen. Sie vernetzen das ganze Haus miteinander, sehr zur Freude der zahmen Ratten und Frettchen, die haben dann nämlich immer genügend Material auch ihre Wohnung gemütlich auszustatten. Die Hausspinnen tun ihr Übriges in den Zimmerecken und so fällt sogar manchmal eine fette Fliege als Sonntagsbraten für die Jungamseln ab.

Im Hexentopf brodelt immer ein leckres Süppchen, denn Hexen sind sehr gastfreundlich und jeder, der sich zu ihnen verirrt, wird gut bewirtet.
Dass im Topf Krötenschleim und Spinnengetier brodeln, ist eine Erfindung! Eine Hexe könnte es sich wahrhaftig nicht vorstellen, ihre langjährige Hausspinne zu kochen oder ihre Krötenfreundin zu brutzeln. Mal ehrlich!
Wahr ist hingegen, dass die Hexe tatsächlich sehr genau über die Wirkung von Kräutern Bescheid weiß. Und wenn sie verliebt ist, dann streut sie schon mal etwas mehr Liebstöckel in die Suppe für ihren Liebsten, weil der ja bekanntlich gut zum Liebeszauber dient! Ansonsten verwendet sie ihr Kräuterwissen aber zum Heilen.

Einen Zauberstab, der die körpereigenen Energien verstärken hilft, braucht die Hexe eigentlich nicht, denn ihre langen Fingernägel reichen aus, um magisch wirken zu können.

Natürlich hat jede Hexe ihr eigenes Hexenbuch, das sie selbst gestaltet. Darin stehen alle witzigen Begebenheiten, die besten Zaubersprüche und wie gut sie gewirkt haben, Rezepte für Suppen wie „Ach du grüne Neune" bis hin zu Räucher-rezepten und Duftölen.

In einer Ecke des Hauses steht immer griffbereit der Hexenbesen.

Die Vorstellung, Hexen ritten auf Besen, kommt daher, dass kundige Frauen früher um ein Feuer mit Stäben tanzten.

Aber wollt ihr wissen, wofür die Hexe tatsächlich ihren Besen braucht? Um sauber zu machen! Um magisch wirken zu können, muss es nämlich sauber sein.

Magisch zu wirken heißt einfach, mit der Kraft der eigenen Gedanken sich die Welt so vorzustellen, wie man sie im Idealfall gerne hätte. Wer ein genaues Bild davon hat, kann, wenn er sich danach verhält, ein gutes Stück dazu beitragen, dass die Welt auch so wird, wie man sie sich wünscht. Und wenn ein zu großes Durch-einander herrscht – und ihr wisst, bei Junghexen ist das häufig so! – dann werden die Wünsche und Gedanken einfach zu undeutlich, dass um Himmels Willen niemand mehr genau die Wünsche kapiert. Dafür hat die Hexe also tatsächlich ihren Hexenbesen, um damit sauber zu machen! Für kleine Zauber genügt es, dass sie mal kurz die Zimmerecke ausfegt, in der sie gerade hext. Aber ab und an muss sie trotzdem mal Großputz machen, sonst klappt es nicht mehr mit der Zauberei – außerdem findet sie sonst auch nicht mehr das, was sie zum Leben und Hexen so benötigt.

Das Hexenhäuschen und seine Ausstattung

Bevor es richtig losgeht, überlegt sich die Junghexe, wo sie ihr Hexenhäuschen einrichten mag: im eigenen Zimmer oder lieber auf dem Dachboden, um ungestört magisch wirken zu können, oder in einem alten Schuppen im Garten ...

Je nach den vorhandenen Gegebenheiten plant sie ihre Einrichtung. Um sich das richtig auszuspinnen, kann die Junghexe sich ein Modell (ein Hexenhäuschen in Kleinformat in einer Schuhschachtel) anfertigen ... aber meist tut es schon ein Blatt Papier mit aufgemaltem Grundriss. Jetzt kann sie die Gedanken schweifen lassen und sich ausmalen, wie was wohl wo am magischsten aussehen könnte ...

Sie sollte dabei unbedingt eine gemütliche Sitzecke für Hexenfreundinnenbesuch einplanen, ein Tisch für magische Kartenspiele sollte nicht fehlen. Eine kleine Hexenküche muss her. (Sind die Junghexen noch im magischen Alter von vier Jahren, kann dazu der meist vorhandene Puppenherd umgestaltet werden.)

Ist die Einrichtung perfekt, sammelt die Junghexe viele leere Marmeladengläser und leere Fläschchen, denn diese braucht sie für ihre Studien. Natürlich dürfen Spinnennetze nicht fehlen, ob echte oder lieber unechte bleibt jeder Hexe selbst überlassen. Ja und dann braucht sie noch jede Menge Bücher für ihre Studien ... und ihren eigenen Hexenbesen.

Hexenstübchen

Material: Schuhschachtel, Streichholzschachteln, abgebrannte Streichhölzer, 2 Schaschlikstäbe, Teelicht, Schere, Nadel, Faden, Klebstoff, Wolle, Stofffetzchen, Watte, Papier, Filzstifte, Kräutersträußchen, Moos und Zweiglein

Das Haus

Den Deckel der Schuhschachtel abnehmen. Die Schuhschachtel in der Mitte halbieren.

- Die eine Hälfte der Schachtel als Erdgeschoss auf der Schmalseite aufstellen.
- Die Seiten rechts und links in der Ecke ca. 1 cm tief einschneiden und als Dachauflage nach innen falten.
- Die zweite Hälfte der Schuhschachtel ebenfalls mit der Schmalseite unten als Dachgeschoss auf den unteren Teil setzen.

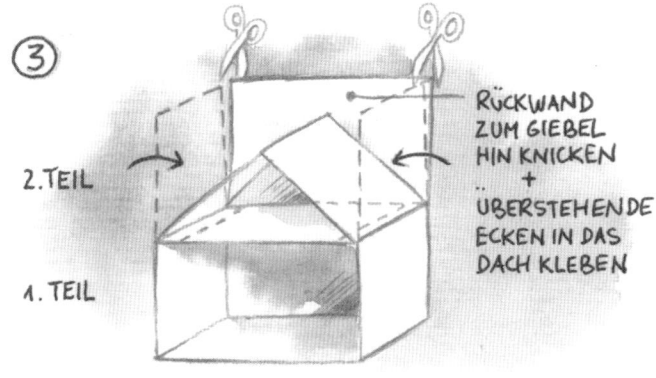

③ 2. TEIL / 1. TEIL

RÜCKWAND ZUM GIEBEL HIN KNICKEN + ÜBERSTEHENDE ECKEN IN DAS DACH KLEBEN

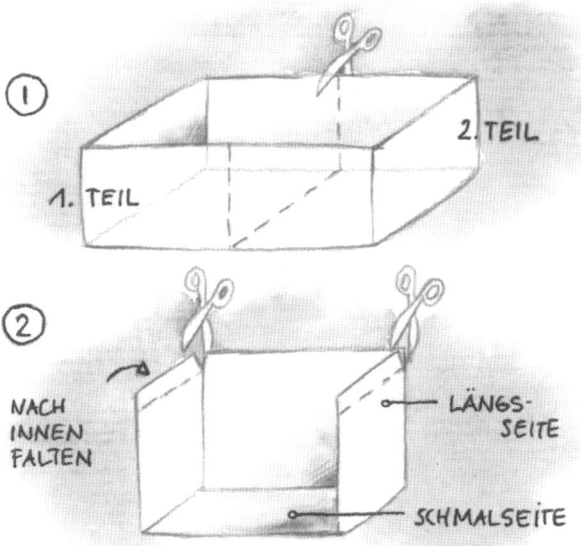

① 2. TEIL / 1. TEIL

② NACH INNEN FALTEN / LÄNGSSEITE / SCHMALSEITE

④ HEXENDACH MIT MOOS + ZWEIGLEIN BEDECKEN!

- Die Seitenwände des Dachgeschosses einschneiden und zu einem spitzen Dach falten.
- Das Haus auf die Rückwand legen, mit der Schere am Umriss des Daches entlang fahren und an dieser Linie zum Giebel knicken.
- Die überstehenden Ecken als Verstärkung in das Dach kleben.
- Das Hexendach mit Moos und Zweiglein „zuwachsen" lassen.

Die Einrichtung

- Aus dem Deckel der Schuhschachtel einen Tisch, eine Bank und einen Herd basteln.
- Das Teelicht auf die Heizung (in die Sonne) stellen, damit das Wachs geschmeidig wird. Das Wachs aus der Teelichthülle nehmen, weich kneten und daraus Tellerchen und Tassen formen.
- Den Boden der Teelichthülle mit den Fingern ausbeulen, so entsteht ein kleiner Hexenkessel.
  Mit einer Nadel drei Löcher in den Rand bohren und jeweils ein ca. 5 cm langes Fädchen durchfädeln, verknoten und über der Herdstelle an der „Zimmerdecke festkleben.
- Aus den zwei Schaschlikstäben und den Streichhölzern eine Hexenleiter basteln.
  Die Zimmerdecke zum Dachboden ein wenig einschneiden und die Leiter anlehnen.
- Auf dem Dach ein gemütliches Hexenlager einrichten: aus Watte und Stoff mit ein paar Tupfern Klebstoff Bett und Kissen basteln.
- Aus Watte ein Spinnennetzchen zurechtzupfen. Auf Papier eine kleine Spinne aufmalen, ausschneiden und in das Spinnennetzchen kleben.
- Kleine Kräutersträußchen mit Faden zusammenbinden und unterm Dach zum Trocknen aufhängen.

Gemütliches Hexeneckchen

Ins Hexeneckchen zieht sich die Junghexe immer dann zurück, wenn sie Hexenfreundinnenbesuch bekommt, wenn sie in ihrem Hexenbuch schreibt und malt, oder wenn sie einfach ein bisschen von der Zukunft träumen will.

Material: Matratzenteile, Kissen, Decken, Felle, Tücher, fluoreszierende Sternchen, weiße Wolle, Hexentiere (Plüschkatzen, Gummikröten, Salamander, Federeulen, kleine Ratten...), kleines Tischlein (Wein- oder Apfelsinenkiste)

In ihrem Zimmer, auf dem Dachboden, im Gartenhaus – da, wo es ihr besonders gut gefällt – richtet sich die Junghexe ein gemütliches Eckchen ein:

- Aus Matratzen, Kissen, Decken und Fellen eine Sitzecke gestalten.
- Den Tisch (Kiste) mit Tüchern abdecken.
- Mit Tüchern und Wolle einen Hexenhimmel knüpfen, evtl. fluoreszierende Sternchen an den Hexenhimmel kleben.
- In die Ecke aus Wolle ein Spinnennetz spinnen und mit einer Gummispinne „beleben".

Hexentiere aus Plüsch sorgen für die weitere Gemütlichkeit und wer eine echte Hauskatze hat, wird nicht lange auf deren Einzug ins Hexeneckchen warten müssen.

Hexenküche

Wichtiges Wirkungsfeld im Haus einer Hexe ist ihre Hexenküche, die sie deshalb nicht versteckt, sondern direkt bei ihrer gemütlichen Sitzecke einrichtet, damit sie ihre Schätze immer im Blick hat.

Material: Schachtel mit Deckel (Größe je nach gewünschter Herdgröße von Schuhschachtel bis ...), Schere, Tasse oder Teller, Bleistift, schwarze Farbe, Klebstoff, rotes und gelbes Transparentpapier, alle möglichen Tiegelchen und leeren Marmeladengläser, Kräutersträußchen, Bindfaden

Mittelpunkt der Hexenküche ist der Herd.
- Die Schachtel verkehrt, mit dem Boden nach oben aufstellen.
- Auf den Schachteldeckel mithilfe einer Tasse (oder Tellern) nebeneinander zwei Kreise für die Herdplatten aufmalen, ausschneiden und schwarz bemalen.
- Den Deckel mit etwas „Luft" auf die Schachtel setzen, die beiden „Herdplatten" durch die Löcher im Deckel auf die Schachtel kleben – in die Vertiefungen können nun Puppentöpfe gestellt werden, in denen kalte Hexensüppchen brodeln ...

- In die Vorderseite des Schuhkartons eine Tür (Herdklappe) schneiden.
- Aus Transparentpapier ein Feuerchen knüllen und durch die Klappe in den Herd legen.

Hinweis: Als Hexenküche kann natürlich auch eine schon vorhandene Puppenküche in Szene gesetzt werden.

Um die Hexenküche Kräutersträußchen mit Kopf nach unten zum Trocknen aufhängen. Die mit in Wasser angesetzten Kräutern gefüllten Marmeladengläser um den Herd arrangieren.

Kräuter ansetzen

Sind die Gläser in der Küche gut gefüllt, wirkt die Hexenküche erst richtig zauberhaft.

Material: frisch gepflückte Kräuter oder Blütenblätter, Wasser, Marmeladengläser

Die frisch gepflückten Kräuter (oder Blüten) evtl. etwas zerkleinert in ein Glas füllen, Wasser dazugeben, verrühren und verschließen. Jetzt heißt es abwarten, bis die Kräuter sich am Boden abgesetzt haben.
Das beste Rezept ist dabei „Ach du grüne Neune!": Dabei müssen 9 verschiedene Kräuter miteinander verrührt werden und von Neumond bis Vollmond sich im Sud absetzen! Diese Substanz bitte nur äußerlich anwenden!!!

Hexenklimbim

Alles, was sonst niemand zu gebrauchen weiß, scheint für Junghexen wie geschaffen. Ihre Sammelleidenschaft ist nicht zu übertreffen – aber was wäre ein Hexenhaus ohne Hexenklimbim!

Material: leere Flaschen und Marmeladengläser, alle Kuriositäten, die sich finden lassen, Glasmalfarbe, Plastikperlchen und Klebstoff zum Verzieren ...

Zuerst schauen sich die Junghexen im eigenen Haushalt nach „magischem" Küchengerät um. Leere, hübsche Flaschen sind genauso brauchbar wie alte Marmeladengläser. Auch unter den Trinkgläsern im Schrank finden sich immer wieder „Einzelstücke", die schon lange nicht mehr auf den Tisch kommen, sich zu „magischen" Zwecken aber hervorragend eignen.
Überaus lohnend ist auch ein Gang über den Flohmarkt, um sich mit „magischen" Gegenständen einzudecken. Die Dinge sind nicht teuer und manches tolle Schnäppchen lässt sich entdecken:

ob Gläser, Kelche, Kerzenständer, Untersetzer, alte Schmuckschatüllchen, kitschige Handspiegelchen und, und, und ...
Die sonst kitschigsten Sachen sind für magische Zwecke einfach zauberhaft. Leicht lässt sich so beispielsweise ein „Hexenkessel" oder ein Mörser zum Zerreiben von Kräutern finden.
Die Junghexe hat eine natürliche Begabung, eigenständig zauberhafte Dinge zu entdecken und für ihre magischen Zwecke umzufunktionieren. Will die Junghexe ihren Hexenklimbim aber noch aufmotzen, wie ihre Zaubererkollegen das gerne tun, dann kann sie noch die magischen Sieben Sachen für Zauberlehrlinge nach Brauchbarem durchforsten! (vgl. S. 29 ff)

Hexennamen

Bevor die Junghexe an die weitere Ausstattung ihrer magischen Sieben Sachen geht, sollte sie sich erst einmal in ihr gemütliches Hexeneckchen zurückziehen und über einen Hexennamen nachgrübeln. Vielleicht lädt sie sich zur Unterstützung auch ihre Freundinnen oder eine schon erfahrene Hexe dazu ein!

Als Namen eignen sich Hexennamen aus der Hexengeschichte, aus Sagen und Märchen, die alte Fassung des eigenen Namens, ein Spitzname und so weiter.
Passend sind auch Fantasienamen, die an Blumen, Kräuter, Bäume, Tiere oder Steine erinnern: Veruna Katzentatze, Elli Eulenruf, Rosi Rabenkralle, Anna Basilia, Mona Myrrha, Elster Silberfeder, Zora Zimtstern, Aquamarina Schlotterbeck, Rosalia Rosenquarz, Paula Pfefferminza, Berta Bernstein, Laura Lazuli, Rosina Apfelkern ...

Hexenbücher

Das erste Buch einer Junghexe ist ihr selbst angelegtes Hexenbuch.

In dieses Hexenbuch kommt alles, was ihr wichtig ist! Hier herein kann sie malen, Kräuter einkleben, Dinge, die für sie wertvoll sind, die sie vielleicht gefunden hat, aufbewahren ... In der Schule für magische Künste (S. 40 ff) erhält sie dann weitere Anregungen das Hexenbuch zu gestalten. Nur eines ist wichtig: Das Buch sollte von ihr wirklich vorne angefangen und bis zur letzten Seite gefüllt werden! Das heißt aber nicht, dass sie das an einem Tag, in einer Woche oder in einem Jahr schaffen muss! Doch erst, wenn es voll ist, erzählt das Hexenbuch seine eigene Geschichte!

Material: leeres Tagebuch, diverse Materialien zum Bekleben nach Belieben (Glitzerpapiere, Stoffreste, Federn, Fellchen ...), Klebeetiketten

Auf die Mitte des Buchdeckels ein Schildchen mit dem Hexennamen kleben und den Einband passend zum Namen verzieren:
Rosina Apfelkern verziert ihr Hexenbuch beispielsweise mit gemalten Äpfeln. Ihren Namenszug kann sie mit Apfelkernen bekleben (das gelingt auch Nichtschreiberlingen).
Paula Pfefferminza beklebt ihren Einband vielleicht mit grellgrünen Bonbonpapierchen mit rosa Schleifen.
Und Veruna Katzentatze malt viele Katzenpfötchen auf den Bucheinband, vielleicht hilft ihr dabei auch ihre Hauskatze ...

Geheimbücher

Geheimbücher kommen äußerlich ganz unauffällig daher, aber ihr Inneres birgt ein Geheimnis: In einem Geheimfach können Zaubermuscheln genauso aufbewahrt werden wie Hexensteine oder eine Haarlocke des Hexenschwarmes ...

Material: alte Bücher, die keiner mehr braucht (evtl. alte „Schinken" vom Bücherflohmarkt), Teppichmesser, eine Spielkarte, Bleistift, Klebestift

Das Buch etwa in der Mitte aufschlagen.
- Die Spielkarte mittig auf die aufgeschlagene Seite legen und mit dem Bleistift umranden.
- Die Karte herausnehmen und mit dem Teppichmesser die Bleistiftlinie nachziehen. Die so entstehenden kleinen Buchblätter entnehmen.
- Im Buch bis zu der Seite weiterblättern, die nicht mehr durchtrennt ist. Hier die Linie wieder mit dem Teppichmesser weiterziehen ... Nach und nach entsteht auf diese Weise ein Geheimfach im Buch!
- Ist das Geheimfach tief genug, mit dem Klebestift die letzte geschnittene Seite auf die erste heile Seite darunter kleben. So nun von unten nach oben mit jeder Geheimfachseite verfahren, bis das ganze Geheimfach ein stabiles Kästchen geworden ist.
Ganz wichtig: Das Geheimfach natürlich nicht oben zukleben, sonst ist das Geheimfach für immer versiegelt!

Hexenbibliothek

Eine Hexe kann nie genug bekommen, so ist das auch mit Büchern. Im Laufe ihres Hexenlebens kommt so eine ganze Bibliothek zusammen!

Die Junghexe reißt sich alle Bücher untern Nagel, die für sie von Interesse sein könnten: Kräuterbücher, Pflanzenbücher im Allgemeinen, Tierbücher im Besonderen und, und, und ...

Hexenbesen

Kann eine Hexe mit ihrem Besen auch nicht wirklich fliegen, so braucht sie ihn dennoch, um magisch wirken zu können. Sie fegt damit den Platz, an dem sie hexen möchte, damit ihre Gedanken nicht durcheinander geraten können.

Material: Gartenschere, Bindedraht, Bast oder halbierte Flechtweide, angespitztes Rundholz (Ø 2,5 cm, 15 cm lang), 1 Besenstiel, 2 Bretter (ca. 30 x 20 cm), Birkenreisig (1 m lang, max. 5 mm dick), Plakafarbe in den traditionellen Hexenfarben (gelb, blau, grün, rot)

Vorbereitung

Das Birkenreisig im zeitigen Frühjahr oder im Spätherbst schneiden. Die Blätter entfernen. Etwa 12 – 20 Tage lagern. (Das Reisig soll nur antrocknen, darf noch nicht brechen.) Vor der Verarbeitung dann für 3 – 4 Tage komplett einweichen, bis das Reisig biegsam ist.

Das Binden

- Die dicken Enden des Reisigs zu einem ca. 8 – 10 cm dicken Bündel zusammenfassen und oben leicht zusammenbinden.
- In diese „Rolle" das Rundholz oben bündig hineintreiben.
- Die Rolle am oberen Ende mit Biegedraht ca. 2 – 3 cm breit (8 – 10 Windungen) straff umwickeln, die Drahtenden verknoten.
- Die gleiche Prozedur 10 cm tiefer noch mal wiederholen.
- Weitere 20 cm tiefer das Reisigbündel zwischen zwei Bretter legen und ganz flach drücken, bis die Besenbreite an dieser Stelle 25 – 30 cm beträgt.
- An dieser Stelle das Reisig in 3 gleiche Teile abstecken und jeden Strang wiederum auf 3 – 5 cm straff binden.
- Die Reiser auf die gewünschte Besenlänge schneiden.
- Das Rundholz herausziehen und den breiteren Besenstiel hineintreiben.

Das Bemalen

Den Besenstiel spiralförmig in vier Hexenfarben bemalen:
Gelb: für die Farbe der Sonne
Rot: für die Farbe des Lebens
Blau: für den Himmel
Grün: als Symbol für das Wachstum

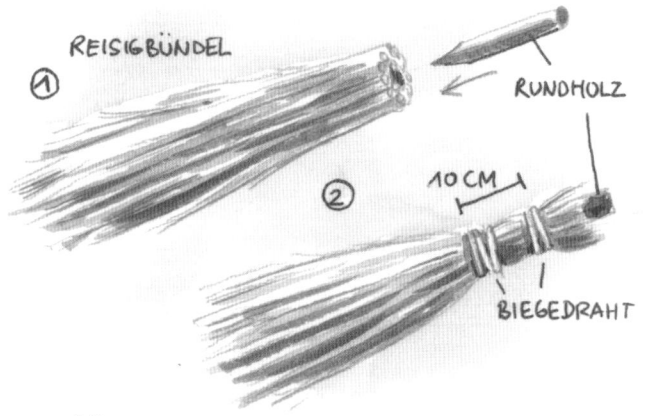

① REISIGBÜNDEL
RUNDHOLZ
② 10 CM
BIEGEDRAHT

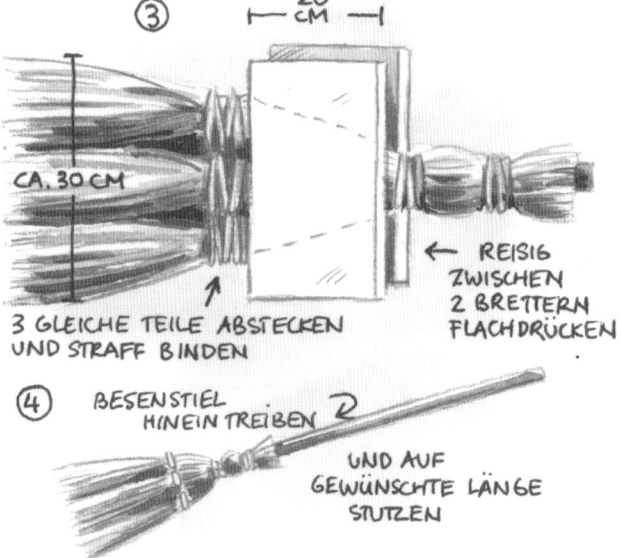

③ 20 CM
CA. 30 CM
3 GLEICHE TEILE ABSTECKEN UND STRAFF BINDEN
← REISIG ZWISCHEN 2 BRETTERN FLACHDRÜCKEN
④ BESENSTIEL HINEINTREIBEN
UND AUF GEWÜNSCHTE LÄNGE STUTZEN

Modisches für die Junghexe

Hexen legen – entgegen jeglicher anderer Behauptungen – viel Wert auf ihre äußere Erscheinung. Sie haben zwar keine teuren Designer-Modelle an, dennoch ist ihre Kleidung unverwechselbar!

Die Hexen tragen alles, was gemütlich, bunt und nützlich für sie ist. Ferner lieben sie es farbig, denn Farben sind für ihr Handeln äußerst wichtig. So trägt eine Hexe gern Rot, wenn sie verliebt ist, Gelb, wenn sie zu einem Hexenkonvent muss, Blau, wenn sie Ruhe braucht, Violett, wenn sie zu Freundinnen zum Orakeln geht und Grün, wenn sie einen magischen Ort in der Natur aufsucht. Schwarz trägt sie, wenn sie sich vor fremden Augen schützen will ...

Und weil an einem Tag manchmal mehrere Anlässe zusammenkommen oder die Junghexe sich nicht entscheiden kann, welche Farbe ihr am besten gefällt, trägt sie viele Sachen zusammen – eben übereinander. Das mag der Grund dafür sein, warum manche meinen, Hexenkleidung sei unordentlich!

Hexenkleider

Material: verschiedene, kurze und lange, alte Röcke (die auch zerschnitten werden dürfen!), passende Oberteile (T-Shirt, Bluse oder Strickwestchen), evtl. Kopftücher ...

Die Kleidung der Junghexe ist bunt durcheinander gemixt in Schichten. Sie trägt z. B. mehrere Röcke (mindestens zwei) übereinander – die gerne auch etwas ausgefranst sein dürfen. Dazu Blusen, Pullis und/oder Westen, die sie zwar farblich ihrer Stimmung gemäß auswählt, die aber ruhig schon etwas geflickt, etwas zu klein oder für die Bequemlichkeit auch mal etwas größer sein dürfen.

Junghexen haben einen gewissen Hang zu Glitzerstoffen, und das sollte der Jugend zugestanden sein.

Magische Mode für jeden Wochentag

Hexen, die ihre magische Kraft aus dem Kosmos verstärken wollen, tragen an bestimmten Wochentagen Kleidung in der Farbe, die dem gerade regierenden Planeten zugeordnet ist.

Montag

ist der Tag des Mondes, da trägt die Junghexe gern Weiß mit Silber, denn das ist die Farbe des Mondes.

Dienstag

ist der Tag des Mars – alles gelingt, was mit Power zu tun hat. Die Junghexe trägt Rosa bis Rot für alles Lebendige und Orange für die Fröhlichkeit.

Mittwoch

ist der Tag des Merkur. Gespräche und Verhandlungen stehen im Vordergrund. Die Junghexe bevorzugt Blau, denn Blau bringt Erfolg, der Gesprächspartner vertraut und die Junghexe trifft sichere Entscheidungen.

Donnerstag

ist der Tag des Jupiter. An diesem Tag regiert das Glück. Dazu passt helles bis dunkles Grün, denn Grün ist die Farbe von Harmonie und Ruhe.

Freitag

ist der Tag der Venus, der Tag der Liebe und Versöhnung und der Tag der Familie. Natürlich bevorzugt die Junghexe Rosa bis Rot

Samstag

ist der Tag des Saturn, der ideale Tag, um das Hexenhäuschen aufzuräumen. Die Junghexe trägt braune Klamotten, erstens sieht man an denen den Schmutz nicht so, zweitens ist es die Farbe der Erde und des Abschiedes, da kann sie sich leichter von etwas trennen.

Sonntag

ist der Tag der Sonne, ein Freude spendender Tag. Zum Entspannen trägt die Junghexe gern fröhliche Gelbtöne und Gold.

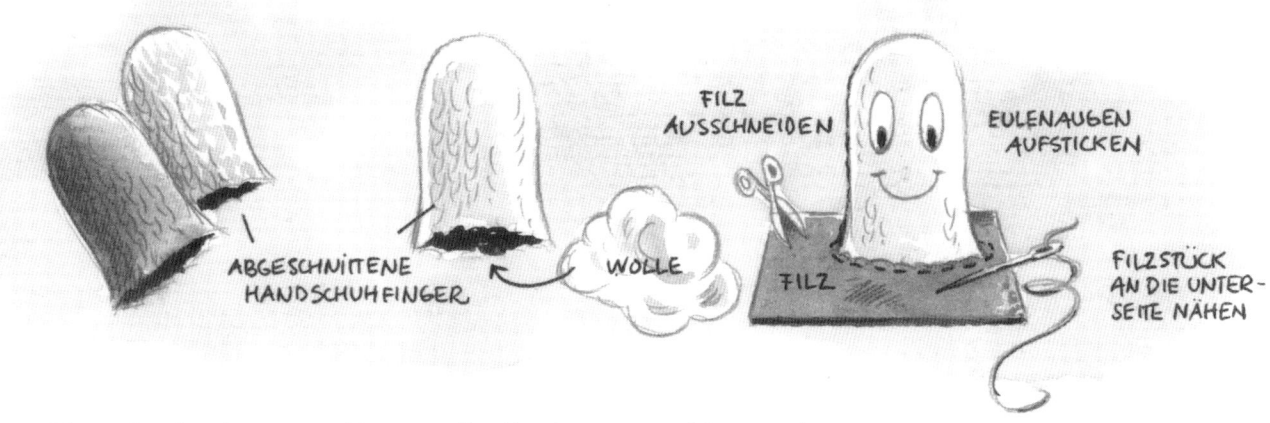

FILZ AUSSCHNEIDEN

EULENAUGEN AUFSTICKEN

FILZ

ABGESCHNITTENE HANDSCHUHFINGER

WOLLE

FILZSTÜCK AN DIE UNTERSEITE NÄHEN

Handschuhe mit Fingerfreiheit

Hexen sind geschickt. Auch wenn es kalt wird, wollen sie sich ihre Fingerfertigkeit durch Handschuhe nicht behindern lassen.

Material: Fingerhandschuhe (die zu klein geworden sind), Schere, stumpfe Sticknadel und Wolle

Die Finger der Handschuhe zur Hälfte abschneiden. Die abgeschnittenen Ränder mit Wolle umsäumen.

Glückseulen

Hexen verwerten grundsätzlich alles, was ihnen in die Finger kommt, und so auch die abgeschnittenen Fingerspitzen ihrer Handschuhe.
Die fertigen Glückseulen sind wie alle Eulen nachtaktiv. Ähnlich wie die Sorgenpüppchen aus Guatemala nehmen sie Sorgen und bringen über Nacht das Glück zurück ... – Sie sind demnach auch als Mitbringsel für Hexenfreundinnen bestens geeignet!

Material: die abgeschnittenen Finger der Handschuhe (s. o.), Schere, stumpfe Sticknadel, Wolle, Filzrest, Watte, Bleistift

Die abgeschnittenen Handschuhfinger mit Watte ausstopfen und Eulenaugen aufsticken.
Die Eule auf Filz stellen, einmal mit Bleistift umranden.
Das Filzstückchen ausschneiden und an die Unterseite der Eule nähen.

Hexenhut

Einen Hexenhut trägt die Hexe nur zu besonderen Anlässen, z. B. wenn sie an Zeremonien und Ritualen teilnimmt.

Material: Fotokarton, Bleistift, Schnur, Kuchenteller, evtl. schwarze Futterseide oder Deko-Samt

- Für die **Hutkrempe** den Stift an eine Schnur binden und mit diesem als Zirkel einen großen Kreis (Außenrand der Krempe) auf den Fotokarton zeichnen.
- Den Kreis ausschneiden. In die Mitte den Kuchenteller legen, mit Bleistift umranden und den Innenkreis ebenfalls ausschneiden.
- Mit der Schere im Innenkreis im Abstand von 1 cm in gleicher Tiefe Schnitte anbringen und hochklappen.
- Für die **Hutspitze** einen Halbkreis auf dem Tonpapier auszirkeln (Radius entspricht der Huthöhe) und ausschneiden.
  Den Halbkreis zu einem Kegel rollen, zusammenkleben und an den Falzrand der Hutkrempe kleben.

Wer den Hut in Samt oder Futterseide haben möchte, beklebt die Papp-Einzelteile mit dem Stoff, bevor sie zusammengefügt werden.

Stulpen

Material: alte Kniestrümpfe (oder ausrangierte Pullis)

Die Schäfte bzw. Ärmel abschneiden und als Bein- oder Armstulpen tragen.

Hexenschuhe

Auch die Hexenschuhe werden nur zu ganz besonderen Gelegenheiten getragen, denn die Junghexe lebt normalerweise nicht auf so großem Fuße. Doch eignen sie sich immer als Dekorations- und Aufbewahrungsmöglichkeit für Kuriositäten im Hexenhäuschen.

Material: Mutters alte Stöckelschuhe, Verzierungsmaterialien nach Belieben (Plakafarbe, Glitter, Perlen, Knöpfe, Federn ...)

Die Schuhe nach Belieben bemalen, verzieren – je nach Schuhart, Form und Farbe.
Die Schuhe können
- durch entsprechende Bemalung zu eleganten Krokodils- oder Schlangenschuhen werden
- zu Turboflügelschuhen werden, haben sie an der Ferse ein paar Federchen
- aber auch – bringen sie die entsprechende Form mit – prima als Delfine bemalt werden ...

Styling

Geht die Junghexe auf ein Hexenfest oder erwartet sie Besuch, dann legt sie Wert auf ein ausgefallenes Styling.

Material: Leuchtfledermäuschen, kleine Spinnchen, Plastikeidechsen ... (eben was es in einem Hexenstübchen so an Getier und Zierrat gibt), Haargummis und -klämmerchen, evtl. Schaumfestiger

Die Haare wild zerzausen und mit Klämmerchen und Haargummis jede Menge Getier und Flausen in die Haare nisten.

Fingernägel

Die Fingernägel müssen ausgesprochen lang und spitz sein. Warum? Das wissen die Hexen nur selbst!

Materiali: Wasserfarbe, Pinsel, klarer Nagellack, evtl. künstliche Fingernägel (selbst gemacht oder aus dem Verkleidefundus)

Wer von zu Hause aus lange, spitze Fingernägel hat, ist fein raus. Die anderen Junghexen brauchen dazu entweder Geduld oder künstliche Fingernägel aus dem Verkleidefundus.
Wer diese schnelle Variante wählt, kann sich die Kunstnägel mit kleinen Spinnen, Käfern oder Kröten hexisch bemalen und anschließend mit klarem Nagellack überziehen.

Die „Magischen Sieben Sachen" für Zauberlehrlinge

Auf der Zauberburg

Einsam liegt die Zauberburg auf einem hohen Berg, auf den sich kaum eine Menschenseele verirrt. Nur Greifvögel können sich bei guten Aufwinden hier durch die Lüfte empor schrauben. Von daher sind die Begleiter von Zauberern auch meist Falken, Bussarde, Adler oder Eulen. Der Zauberer lebt weit ab von der Welt und gibt sich seinen Studien hin. Er ist hier oben Mond und Sternen näher als sonst jemand auf der Welt und so beobachtet er in manch langer, kühler Nacht den Lauf der Gestirne so, wie es schon seine Vorfahren aus dem antiken Ägypten getan haben, um die Gesetze des Universums zu verstehen. Zum Schutze vor Kälte und unsichtbaren Mächten trägt er einen langen, wallenden Zaubermantel, auf dem sich zum Zeichen seiner Würde die Symbole der Planeten und Sternenbilder wiederspiegeln. Oft steigt er erst im Morgengrauen die steile Wendeltreppe hinab zu seinem Turmzimmer. Dann schläft die weiße Schneeeule, seine einzige Begleiterin, bereits auf dem Fenstersims, öffnet vielleicht für einen kurzen Moment die Augen, bevor sie sich wieder aufplustert, zurechtrückt und selig schlafend den Tag beginnt.

Für wenige Stunden legt sich dann auch der Zauberer aufs Ohr, bevor er seinen weiteren Pflichten nachkommt. Er trägt nämlich eine große Verantwortung für die Geschicke der Welt. In seinem magischen Spiegel kann er bei Vollmond sehen, wenn böse Mächte sich zusammenbrauen. Dann tritt er mit seinen Zaubererkollegen zu einem großen Konvent zusammen. Dort beraten sie, wie sie die Mächte beruhigen, lenken oder gar auch mit magischen Waffen bekämpfen können.

Zu seinen magischen Waffen gehört ein magischer Ring, der ihm Schutz und Zauberkraft verleiht, ein magisches Schwert, das ihm durch seine Zauberkraft Verstand und Stärke gibt, einen magischen Zauberkelch, mit dem er Freund-schaftsbande besiegeln kann und eine Kristallkugel, mit der er auch bei Tage ein Auge auf die Welt haben kann.

Das wichtigste Instrumentarium ist sein Zauberstab, der je nach Länge und Beschaffenheit unterschiedliche Aufgaben erfüllt. Grundsätzlich wird der Zauber-stab dazu benutzt, um magische Energien zu lenken. Mit dem schulterlangen Zauberstab können auch Bannkreise auf der Erde gezogen werden, falls böse Mächte den Zauberer angreifen wollen.

Der Zauberer setzt seine magischen Kräfte in seiner großen Verantwortung nur zur Rettung von Unheil ein. Nie würde er aus Spaß oder zur Belustigung anderer herumzaubern. Dafür hat er zu viel Verantwortung für die Kraft, die aus dem Universum kommt. Meist bedient er sich stattdessen der Magie der Worte, der Magie der Gesten und nicht zuletzt der Naturgesetze, um sich in einer brenzligen Situation durch Täuschungs- und Illusionskunst ein wenig Respekt zu verschaffen.

Ach, fast hätte ich es vergessen, die größte Aufgabe dieses Zauberers ist es, sein magisches Geschöpf, in diesem Falle einen Drachen zu bewachen und zu schützen. Der Drache schläft weit unterhalb der Zauberburg, Laien vermuten an dieser Stelle einen Bergrücken, dessen Tannenwipfel gegen das Mondlicht wie die Rückenzacken eines Drachens aussehen, so meinen sie ... Der Drache schläft hier einen tiefen Schlaf. Er bewacht unermessliche Schätze im Berginneren. Nicht auszudenken, wenn er in diesem Schlaf gestört würde ...

Der Zauberturm und seine Ausstattung

Jeder Zauberlehrling weiß, dass sein Weg, einmal selbst Zauberer mit eigener Zauberburg zu werden, lang und mit viel Mühen verbunden ist. Die Neugier auf alles, was sich in und um die Welt so tut, ist zwar Voraussetzung, um als Zauberlehrling aufgenommen zu werden, reicht aber alleine nicht aus. Er muss nicht nur viel Zeit für seine Studien mitbringen, er muss auch üben, üben, üben mit dem Instrumentarium eines großen Zauberers sicher umgehen zu können.

Damit er sein Ziel ein großer Zauberer zu werden immer vor Augen hat, baut er sich seine Zauberburg erst einmal als Modell. Anschließend richtet sich der Zauberlehrling dort, wo er sich besonders wohl fühlt (in seinem Zimmer, auf dem Dachboden, im Keller, im Gartenhaus ...) und in aller Ruhe auch mal grübeln kann, sein Studierzimmer ein, das er mit allem ausstattet, was einen großen Zauberer ausmacht ...

Zauberturm-Modell

Mit diesem Modell bauen sich die Zauberlehrlinge ihren „Traum-Zauberturm" – wer weiß, vielleicht bleibt es ja nicht dabei!

Material: große Pappröhre für Poster (Ø ca. 20 cm), Schere, Nadel, Teppich- oder Brotmesser, leeres Marmeladenglas, Steine und „Geheimes", Alufolie, Teelicht, Fellreste, Streichholzschachteln, abgebrannte Streichhölzer, silberne Wasserfarbe, Vogelfedern, Murmel, Kleinteile (aus alter Uhr oder altem Radio ...)

ZAUBERTRUHE

DECKEL

KELCH AUS ALU

HALBER STREICHHOLZ

ZUM SCHLUSS ZAUBERTURM ÜBER DAS MARMELADENGLAS STÜLPEN

DECKEL

MARMELADENGLAS MIT GEHEIMEM INHALT

Der Zauberturm

- Die Pappröhre im oberen Drittel mit dem Brotmesser zur Hälfte „einschneiden".
- Etwas tiefer (ca. 12 cm) noch einmal bis zur Mitte „einschneiden".
- Die Turmwand zwischen beiden Einschnitten mit dem Messer senkrecht einschneiden und herausnehmen. (s. Abb.)
- Den einen Plastikdeckel der Pappröhre als „Turmzimmerboden" in die Röhre legen.
- In den zweiten Deckel ein Loch „sägen" (für den Zugang nach oben) und als „Turmzimmerdecke" in die Röhre drücken.
- In die Rückwand des Turmzimmers ein Bogenfenster aussägen.
- Den oberen Rand des Turmes mit Zinnen versehen (mit dem Messer einritzen).

Wie der Zauberlehrling seinen Turm von außen gestaltet – ob er z. B. das Mauerwerk aufmalt, es mit wildem Grün berankt ... – das bleibt ihm selbst überlassen!

Die Einrichtung

- Aus Stoff oder Fellresten eine Lagerstatt für den Zauberer richten.
- Aus einer Streichholzschachtel eine kleine Zaubertruhe basteln: eine Kante der Streichholzschachtelhülle unter der Reibefläche aufschneiden. Den Streichholzschachtelboden auf den Boden der Hülle festkleben, die Außenseiten der Truhe rundum mit Streichhölzern (als Holzlatten) bekleben.
- Für den Zauberspiegel den Rand einer leeren Teelichthülle abschneiden, in die Mitte eine runde Scheibe aus glänzendem Alu kleben und in den Rand mit einer Nadel magische Symbole eindrücken. Den Spiegel an die Turmwand kleben.

- Aus Streichhölzern ein kleines Zauberschwert binden und mit silberner Wasserfarbe anmalen.
- Für den magischen Kelch ein Streichholz auf die Hälfte kürzen, auf einen ca. 5 cm breiten Alustreifen legen und als „Stiel" fest umwickeln. Aus dem überstehenden Alu oben den Kelch formen und unten einen „Fuß" zurechtbiegen. (s. Abb.)
- Aus Alufolie einen kleinen Ring formen und hierein die Murmel als „Kristallkugel" setzen.
- Aus den Kleinteilen (Uhrenrädchen ...) ein kleines Mobile bauen und an die Zimmerdecke hängen.
- Auf den Aussichtsturm führt eine Leiter aus zwei Schaschlikstäbchen und Streichhölzern. (vgl. „Hexenstübchen" S. 13)
- Hier steht ein Teleskop (aus Schaschlikstäbchen) mit entsprechendem Fernrohr. (s. Abb.)

Das Verlies

Damit der Turm sicher steht, hütet er ein Geheimnis in seinem „Verlies".

- Ein Marmeladenglas in gleicher Größe wie die Pappröhre nicht ganz mit Steinchen füllen.
- Den restlichen Platz zur Aufbewahrung von allerlei zauberhaften „Geheimnissachen" nutzen.
- Den Zauberturm über das Marmeladenglas stellen – schon verschwindet das Geheimnis und der Turm steht felsenfest!

Studierzimmer des Zauberlehrlings

Jeder Zauberlehrling braucht einen Raum (eine Ecke), in den er sich ungestört zurückziehen kann. Wo er sich seinen Platz einrichtet, bleibt ihm selbst überlassen – nur wohlfühlen muss er sich können und niemand darf ungefragt Zugang zu seinen geheimen Sachen haben!

Im Studierzimmer des Zauberlehrlings gibt es einfach alles, was er zu Studienzwecken brauchen kann: Zaubersteine, Metalle, Lupen, Fernrohre, Taschenlampen, Waagen, Aufbewahrungsflaschen und -kästchen, magische Waffen, Spiegel, Kugeln, Vogelfedern und Tierfelle, magische Karten und jede Menge Bücher mit Geheimwissenschaften. Grundsätzlich kann der Zauberlehrling alles brauchen, was seine Studien fördert. Egal ob es sich um Gesetze der Physik, Chemie, Medizin, Astronomie, Astrologie, Mineralogie, Zoologie, Geologie, Biologie oder Psychologie handelt, um nur einige Disziplinen zu nennen ...

Instrumentarium zur Erforschung der Naturgesetze

Alles was der Haushalt hergibt, kann zu Studienzwecken dienen. Besonders begehrt sind bei Zauberlehrlingen Taschenlampen, Angeln und Netze, Taschenmesser, Sanduhren, Lupen, Magnete, Kompasse, Waagen, physikalisches Spielzeug, verschiedene Kaleidoskope, Prismen, aber auch alte Radios, alte Uhren oder auch alte Computer, um sie auseinander zu schrauben, zu erforschen und vielleicht wieder neu zusammenzusetzen ...

Hinweis: Wer Zauberlehrlingen mal eine besondere Freude machen will, dem seien Scherzartikel empfohlen. Obwohl die Zauberei im Grunde eine sehr ernst zu nehmende Angelegenheit ist, können sich Magier herrlich amüsieren über so viel Blödsinn!

Zaubertruhe

Um die ganzen magischen Utensilien vor zu viel Augen zu schützen, braucht der Zauberlehrling unbedingt eine gescheite Zaubertruhe. Am besten ist natürlich eine aus dem 14. Jahrhundert, aus Holz, groß genug, dass alles hineinpasst, zum Abschließen! Aber wer hat die schon?

Material: stabiler Pappkarton mit abnehmbarem Deckel, Metallfolie, Abtön- oder Plakafarben nach Wahl, Pinsel, Schere, Bleistift, Klebstoff, evtl. Metallkette (Meterware aus dem Baumarkt) und Bügelschloss

Die Zaubertruhe in einer Lieblingsfarbe grundieren, nach Belieben bunt verzieren und trocknen lassen.
Aus der Metallfolie Beschläge ausschneiden und auf die Truhe kleben.
Wer ganz sicher gehen will, legt eine Kette um die geschlossene Kiste und verschließt sie mit einem Bügelschloss. – Den Schlüssel gut aufbewahren!

Teleskop

Zur Sternenbeobachtung braucht der Zauberlehrling natürlich ein Teleskop! Wer eines hat, kann zufrieden sein, ansonsten wird eines selbst gebastelt.

Material: 3 Pappröhren (von Haushaltsrollen, Klorollen etc.), Goldfolie, Schere, Klebstoff

Die Pappröhren einzeln mit Goldfolie bekleben und in unterschiedlicher Länge ineinander stecken.

Weltkugel

Der Jungzauberer sollte die Welt im Blick haben, drum ist eine Weltkugel für ihn sehr wichtig. Wer keinen Globus besitzt, schafft sich seine eigene Welt.

Material: alter Ball (der wegen Luftmangels nicht mehr zum Spielen dient), Zeitungspapier, Kleister, Dispersionsfarbe (weiß, grün, blau), Pinsel, Bleistift, Atlas

- Den Ball mit Kleister und Zeitungspapier in mehreren Lagen bekleben, bis sieben Schichten übereinander sind. 49 (7 x 7!) Stunden trocknen lassen.
- Die neue Welt weiß grundieren und trocknen lassen – dann erstrahlt sie später besser.
- Mit dem Bleistift die Kontinente vom Atlas so ungefähr übertragen.
- Die ganze Welt blau grundieren (die Bleistiftstriche sieht man noch durch).
- Die Kontinente grün anmalen.

Wer will, zeichnet sich irgendwo seinen Zauberturm ein!

... mit Beleuchtung

Material: wie oben beschrieben, statt dem Ball einen Riesenluftballon verwenden zusätzlich: Nähnadel, kleine Lichterkette

Wer seine Weltkugel als Lampe will, nimmt einen Riesenluftballon, beklebt und bemalt diesen, wie oben beschrieben.
- Nach dem Trocknen den Luftballon mit der Nadel zum Platzen bringen.
- Am Nordpol ein (ausreichend großes) kreisrundes Loch einschneiden.
- Mit einem Zaubermeister eine kleine Lichterkette zu einem „Strauß" binden und in die Kugel hängen. (Darauf achten, dass die Lämpchen keine Berührung mit der Kugel haben und die Kugel einen standfesten Platz/eine sichere Aufhängung erhält!)

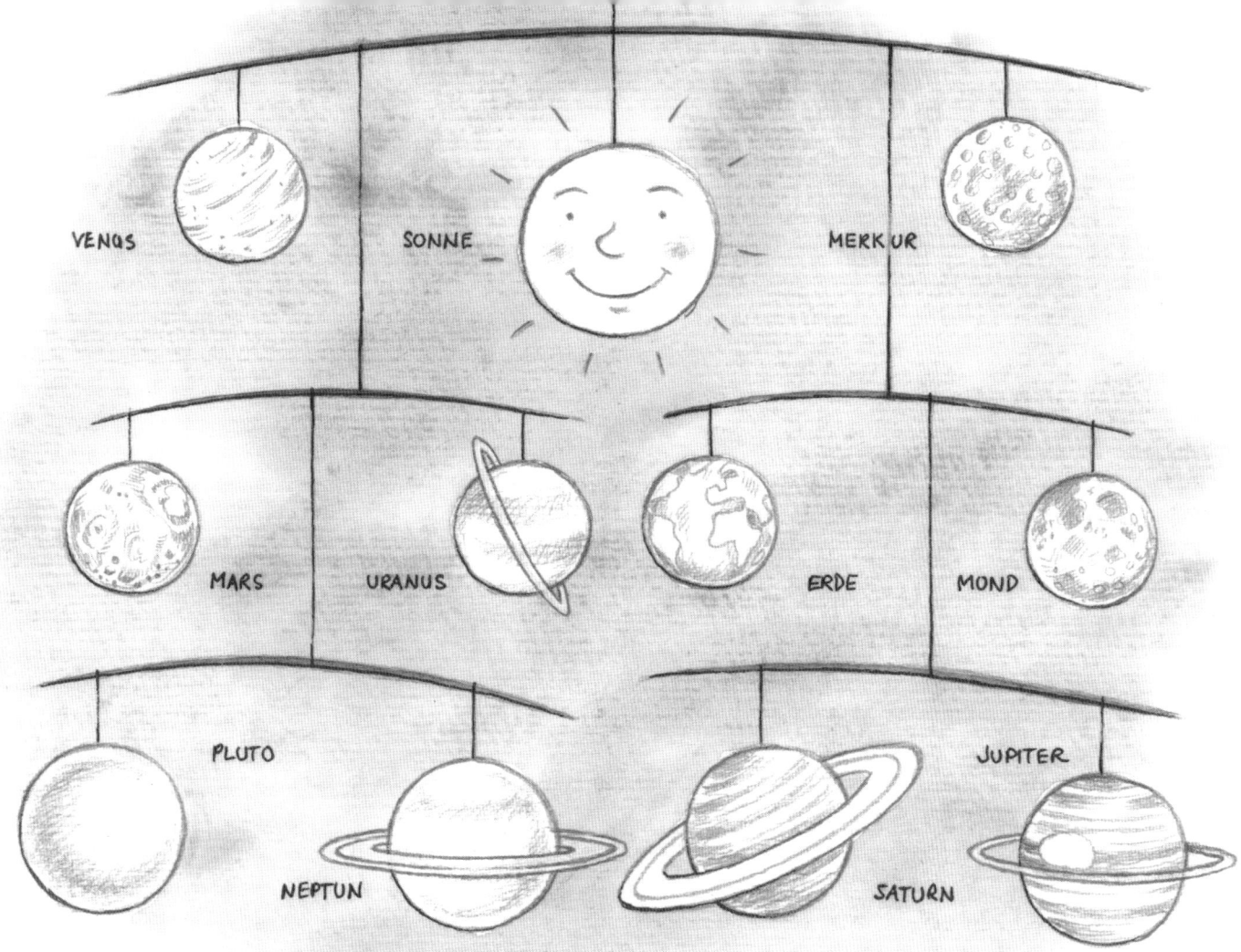

Planetenmobile

Die Astronomie (Himmelskunde) ist Forschungsfeld aller großen Zauberer. Damit dem Zauberlehrling der Einstieg in diese Wissenschaft etwas leichter fällt, baut er sich das Sonnensystem als Modell. – Und schön anzusehen ist es auch noch!

Material: Fotokarton, Plakafarbe, Blumendraht, durchsichtiger Nylonfaden, vergrößerte Kopien der Planeten (s. u.)

Entsprechend dem natürlichen Aussehen der Planeten, übertragen die Kinder die Formen (mithilfe der vergrößerten Abbildungen) auf den Fotokarton, schneiden sie aus und bemalen sie: die Sonne (gelb), Merkur (rötlich), Venus (beige), Erde (blau-grün), Mond (gelblich-weiß), Mars (rot), Jupiter (rötlich), Saturn (rötlich mit Ringen), Uranus (blau mit Ringen), Neptun (blau), Pluto (blau).

Nun die Planeten – in ihrer Anordnung dem Sonnensystem entsprechend – zum Mobile aufhängen:

- Auf den ersten Drahtbügel an die Drahtenden Merkur und Venus, in der Mitte die Sonne aufhängen.
- Rechts und links von der Sonne mit entsprechend längerem Faden, zwei weitere Drahtbügel anbinden.
- An deren Enden einmal Erde und Mond befestigen und Mars und Uranus.
- Unter diese Drahtbügel jeweils noch einen weiteren binden mit Pluto und Neptun und Saturn und Jupiter.

Hängen die Planeten alle am Mobilehimmel, werden sie noch etwas austariert. Schon setzen sie sich in Bewegung und umkreisen auf ihren unterschiedlichen Bahnen die Sonne.

Das Magische Schwert

Das magische Schwert dient nicht dazu, um im üblichen Sinne damit zu kämpfen. Es leitet – wie der Zauberstab – Energien und ist für den Zauberer ein Instrument, um damit magische Kräfte unter Kontrolle zu bringen.

Gekämpft wird allein mithilfe der Vorstellungskraft! Das Schwert steht für das Element Luft. Seine schneidende Schärfe entspricht dem messerscharfen Verstand des Zauberers, wie er das Schwert einsetzt.

Ein magisches Schwert sollte stumpf, doppelschneidig und mit einem schwarzen oder dunklen Griff versehen sein. – Die schwarze Farbe absorbiert Kräfte, nimmt die Kräfte auf, so heißt es.

Mit einem roten Geschenkband lässt sich der schwarze Griff sofort verzieren. Später wird der Zauberlehrling – wenn er die Schule für magische Künste besucht und einige magische Symbole kennen gelernt hat (vgl. S. 64 ff) – noch Symbole auf die Scheide schnitzen und rot bemalen. Damit wird das Schwert einmalig, unverwechselbar und nur für ihn wirksam.

... aus Holz

Zauberlehrlinge, die bereits mit Sägearbeiten betraut werden können, fertigen sich ihr Schwert aus Holz.

Material: Sperrholzplatte (10 x 80 cm), Bleistift, Schraubzwinge, Laubsäge, Spiralsägeblatt, Feile, grobes und feines Schleifpapier, Wasserfarbe, Plakafarbe (gold, rot, schwarz), rote Kordel

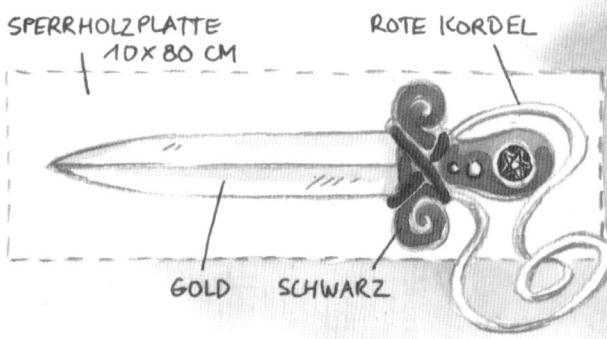

- Den Umriss des Schwertes (s. Abb.) auf die Sperrholzplatte übertragen.
- Die Platte mit einer Schraubzwinge an der Tischplatte befestigen und mit der Laubsäge die Form aussägen.
- Mit der Feile Unebenheiten beseitigen und mit dem groben und feinen Schleifpapier das Holz schleifen, bis es glatt ist.
- Abschließend das Schwert bemalen: schwarzer Griff, goldene Scheide.
- Wer bereits magische Symbole und ihre Bedeutung kennt, malt die für ihn wichtigen Zeichen mit roter Farbe auf sein Schwert.
- Eine rote Kordel am Griff sorgt dafür, dass das Schwert sicher mitgeführt oder aufgehängt werden kann.

... aus Pappe

Für junge Zauberlehrlinge ist das Schwert aus Pappe – wirkt aber dennoch magisch!

Material: Pappkarton, Zeichenstift, Schere, Wasserfarben, Pinsel, rotes Geschenkband

Das Schwert auf starken Pappkarton übertragen, ausschneiden und bemalen.

Der Zauberstab

Ebenso wie das Schwert wird der Zauberstab dazu benutzt, um Energien zu leiten oder um magische Symbole oder einen Kreis auf den Boden zu malen.
Der Stab steht für das Element Feuer. Seine Energie entspricht dem unbeugsamen Willen. Oft werden Zauberer auch mit einem Ritualstab dargestellt. Dieser Stab ist schulterhoch.
Jeder Zauberer muss seinen individuellen Zauberstab selbst finden. Bis er gefunden ist, kann sein Aussehen öfters wechseln – schließlich lernt ein Zauberer sein Zauberleben lang und seine Ansprüche ändern sich ...

... für den Anfang

Bevor die Zauberlehrlinge in die Schule für magische Künste gehen, tut es fürs Erste ein einfacher Zauberstab aus Haselstecken ...

Material: Haselstecken, Schnitzmesser (und Pflaster!)

Die Länge des Haselstecken von der Fingerspitze bis zum Ellenbogen bemessen.
Die Rinde spiralförmig oder nach Belieben mit dem Schnitzmesser entfernen und so Symbole einarbeiten.

... für Fortgeschrittene

Nach den ersten Lektionen in der Schule für magische Künste oder immer dann, wenn es ihm richtig erscheint, überprüft der Zauberlehrling, welcher Zauberstab jetzt der Richtige für ihn ist. Da gibt es so schicke, da können auch Junghexen nicht wiederstehen, mögen ihre energiemagischen Fingernägel noch so lang sein!

Für den richtigen Zauberstab gibt es keine Anleitung. Deshalb stehen an dieser Stelle nur einige Anregungen, die dem Zauberlehrling (oder der Junghexe) helfen können, seine Wahl zu treffen.

- Üblicherweise ist ein Zauberstab aus Holz gefertigt – bevorzugt von Weide, Holunder, Eiche, Apfelbaum, Pfirsichbaum Haselnuss oder Kirschbaum.
- Der Zauberstab hat in der Regel eine Länge, die dem Abstand vom Ellenbogen bis zur Fingerspitze entspricht.
- Jeder richtige Zauberstab ist anders, denn er wird ganz nach eigenen Vorstellungen verziert. Vielleicht mit einer Spitze aus einem Mineral, vielleicht mit einem besonderen Stein oder mit einem Pinienzapfen ... In den Stab selbst sind meistens magische Symbole geschnitzt und/oder gemalt.

Zwar ist eine Verzierung nicht zwingend, aber sie macht den Stab zu einem ganz persönlichen Stück, das mit Energie aufgeladen ist.

ZAUBERSTAB

Der magische Spiegel

Fällt auf den Spiegel der Mondenschein, so kann der Zauberlehrling nach einiger Übung in die Zukunft sehen, so heißt es.
Zumindest aber verrät der Spiegel, wenn ein Mensch es nicht ehrlich mit ihm meint, dann läuft der Spiegel sofort schwarz an!
Wichtig: Den magischen Spiegel niemals Sonnenlicht aussetzen, sonst verliert er seinen Zauber.

Material: einfaches Spiegelglas (rund oder eckig), alter Bilderrahmen, stabile Pappe als Rückwand, Alufolie, Edelsteine (aus Glas oder Kunststoff), bunter Glitter

- Den Bilderrahmen mit Alufolie umkleiden und die Konturen des Rahmens mit dem Daumen nachziehen, damit sie unter dem Alu wieder erscheinen.
- Den Spiegel mittig auf die Rückwand des Rahmens kleben.
- Noch sichtbare Pappe um den Spiegel mit Alufolie abdecken, damit am Ende der Spiegel selbst, aber auch Passepartout und Rahmen im Silberlicht des Mondes erstrahlen können.
- Den Spiegel mit Glitter und Edelsteinen verzieren.

Variante

Material: Spiegel, stabiler Pappkarton (ca. 3 cm länger und breiter als der Spiegel), stabile Metallfolie in zwei Farben: 1 Stück z. B. Messing (ca. 3 cm länger und breiter als die Pappe) und 1 Stück z. B. Kupfer (20 x 10 cm), stumpfe Nadel, Alleskleber, Glitzersteine

- Den Spiegel in die Mitte der Pappe kleben.
- Die Pappe in die Mitte der Messingfolie legen. Den Rand etwas über den Spiegelrand hinweg nach innen klappen (damit der Übergang von Spiegel zu Pappe nicht sichtbar ist).
- Aus der andersfarbigen Metallfolie zwei Quadrate im Maß von 10 x 10 cm ausschneiden, diese diagonal zu einem Dreieck falten, an der Faltkante auseinander schneiden und die so entstandenen vier Dreiecke auf die Rahmenecken des magischen Spiegels kleben.
- Mit der stumpfen Nähnadel können magische Symbole in den Rahmen ziseliert werden. (vgl. S. 64 ff) Eventuell mit Glitzersteinen weiter verzieren.

ALTER RAHMEN

ALUFOLIE

SPIEGEL

SPIEGEL

KUPFERFOLIE

METALLFOLIE MESSING UMRAMMT DIE PAPPE

Handspiegel

Material: Handspiegel, mit Griff, silberne Plakafarbe, Plastikedelsteinchen

Wer seinen Zauberspiegel lieber mobil haben will, bemalt den Rahmen eines Handspiegels mit silberner Farbe und klebt hierauf Plastikedelsteine.

Der magische Ring

Alle Magier tragen einen so genannten magischen Ring. Doch was ist das? Es ist ein ganz normaler Ring, der extra zu diesem Zweck ausgewählt wird und mittels einer Prüfung zum magischen Ring werden kann.

Material: Ring nach Wahl!

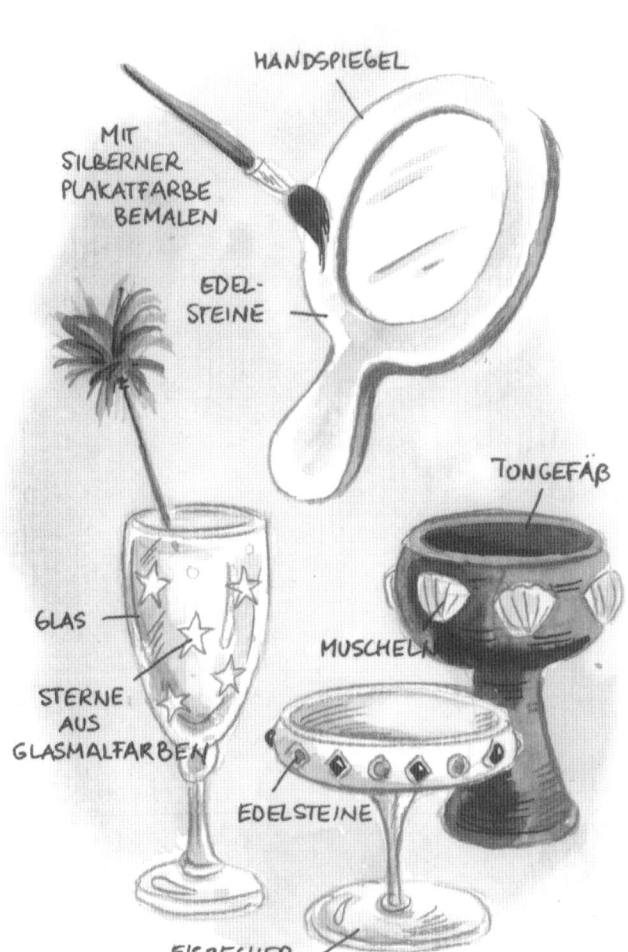

HANDSPIEGEL

MIT SILBERNER PLAKATFARBE BEMALEN

EDELSTEINE

TONGEFÄSS

GLAS

MUSCHELN

STERNE AUS GLASMALFARBEN

EDELSTEINE

EISBECHER AUS METALL

Den Ring, bevor er getragen wird, sieben Tage und Nächte lang irgendwo in der freien Natur so aufbewahren, dass er Wind, Sonne, Kälte, Regen und Erde abbekommt. Je mehr verschiedene Naturstimmungen er aufnimmt, um so besser ist es.

Hat der Ring die Prüfung überstanden und ist nach sieben Tagen noch am gleichen Fleck, dann ist er von den kosmischen Kräften gereinigt und kann in die Hand des Zauberlehrlings übergehen.

Nimmt der Zauberlehrling den Ring in die Hand, konzentriert er sich dabei ganz auf den Ring. Seine körpereigenen Energien fließen so in den Ring. Was dabei gedacht wird, wird der Ring lange in sich tragen.

Jetzt begleitet der Ring den Zauberer überall hin – nicht nur sieben Tage!

Der magische Kelch

Der Kelch ist Symbol für das Element Wasser, er steht für Freundschaft und Gefühl.

Material: ein Gefäß in Kelchform (mit Stiel), Plastikedelsteinchen oder Muscheln oder Fimo, bei Glas auch Glasmalfarbe, Heißkleber

Einen Kelch können die Kinder schlecht selbst herstellen, aber es gibt unzählige Möglichkeiten ein Gefäß zu finden, das sich als Kelch eignet. Das kann ein besonders schönes Glas sein, ein alter Eisbecher aus Kaffeehaussilber, ein Becher aus Ton oder aus einem anderen Material ...

Ist der Kelch gefunden, macht der Zauberlehrling diesen zu seinem magischen Zauberkelch, indem er ihn je nach Material individuell gestaltet.

Er kann seinen Kelch

- aus Glas beispielsweise mit Glasmalfarbe bemalen.
- aus Ton mit Fimofigürchen oder Muscheln bekleben.
- aus Metall mit Edelsteinen oder Mineralien verzieren ...

Kalte Alchemistische Küche

So viel sei Laien gesagt: die Alchemie, die Lehre von der Verwandlung der Stoffe, ist ein langer chemischer Prozess, der Versuch aus allem Möglichen Gold zu machen! Eigentlich sollen die Zauberlehrlinge die Finger weg lassen von der Alchemie, da diese nur ausgebildeten Altzauberern vorbehalten ist. Aber sie können es sich meist so wenig verkneifen wie Junghexen das Zubereiten von Hexensüppchen aus der Hexenküche. Doch auch bei Zauberlehrlingen gilt: Dann bleibt die alchemistische Küche eben kalt!

Material: alle erdenklichen Gefäße (Flaschen, Gläser, Glasschüsseln, Reagenzgläser ...), Blumendraht, Mehl, Salz, Sand, Backpulver, Brausepulver, Waschmittel, Seifenflocken, Gold- und Silberglitter ...

Gelungen ist die Goldherstellung noch keinem – aber der Versuch reizt immer wieder. Von daher befüllen Zauberlehrlinge alle ihnen zur Verfügung stehenden Gefäße mit unterschiedlichen Pulvern, die sie teilweise mit Gold- und Silberglitter durchsetzen – im letzten Reagenzglas ist natürlich reines Gold!

Mit Blumendraht verbinden, verschlingen, verknoten sie alle befüllten Gläser und Flaschen kunstvoll miteinander zu einer für Außenstehende eindrucksvollen, geheimnisvollen Versuchsanordnung!

Das Zauberbuch

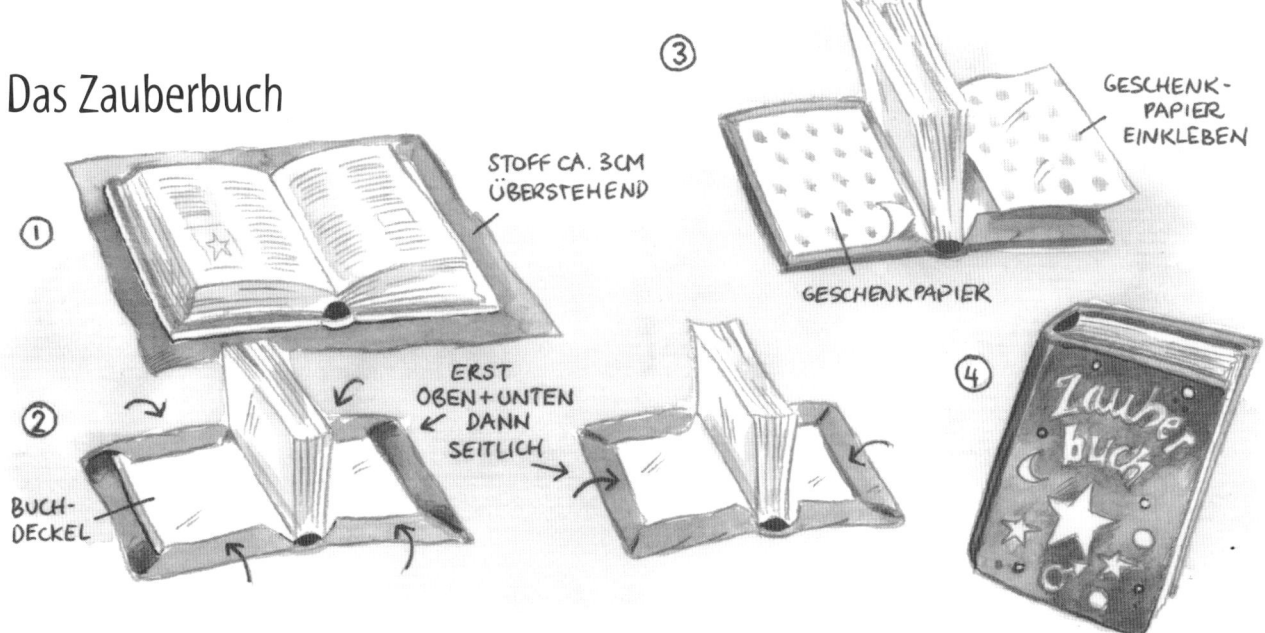

Ein Zauberbuch ist, wie das Hexenbuch auch, in der Regel ein sehr schönes, reich verziertes Buch für die Sammlung von Zaubersprüchen, Rezepten und Erfahrungen. Solche Zauberbücher soll es seit dem 17. Jahrhundert geben, andere sagen, sie hätten schon vor tausenden von Jahren in Ägypten existiert. Die alten Zauberbücher sind handgeschrieben, nur selten gedruckt und unglaublich vielfältig und schwer zu durchschauen. Die Zauberer wollten sicherstellen, dass nur Eingeweihte sie verstehen.

Natürlich könnten Zauberlehrlinge ihr Zauberbuch mit unsichtbarer Zaubertinte schreiben – gleich unten steht dazu ein altes Zaubererrezept. Aber die meisten Zauberer werden es mit den Jahren Leid, ihre eigene geheimnisvolle Schrift immer erst mühevoll entziffern zu müssen. Drum wickeln sie um ihr Zauberbuch ein Lederbändel und versiegeln es mit einem Kerzenwachssiegel. War ein Fremder am Buch, dann ist das Siegel gebrochen!

Material: dickes Buch mit Leerseiten (DIN A4 oder DIN A5), silberne Wasserfarbe, dunkelblauer Stoff, Kleister, Pinsel, Stoffmalfarbe (silbern), Geschenkpapier, evtl. Schraubzwinge

Das Buch fest zusammenpressen (evtl. mit einer Schraubzwinge) und mit der Wasserfarbe die Seitenkanten des Buches versilbern!

Nach dem Trocknen erhält das Buch einen Einband in der Farbe des Nachthimmels.

- Den Stoff ca. 3 cm überstehend zuschneiden und das Buch wie üblich einschlagen – erst oben und unten, dann seitlich. Geklebt wird mit Kleister. Den Kleister auf und an der Buchkante entlang auftragen, den Stoff umklappen, andrücken und dabei darauf achten dass er überall gut klebt.
- Damit der Übergang von Stoffeinband und Innenseite des Buchdeckels nicht mehr zu sehen ist, ein schönes Geschenkpapier auf Maß schneiden, mit Kleister einpinseln und auf die Innenseite kleben.

Den Einband mit silberner Stoffmalfarbe verzieren, entweder mit frei gewählten Motiven, beispielsweise Sternen oder (für SchülerInnen der Schule für magische Künste) mit magischen Symbolen.

... in einfacher Ausführung

Material: klassisches, chinesisches Tagebuch mit schwarzem Einband und rotem Buchrücken, weißer Tipp-Ex-Stift (Schreibwarenladen)

Wem die Buchbinderei zu aufwändig ist, der nimmt das klassische, schwarze Tagebuch mit rotem Buchrücken und bemalt diesen Einband mit magischen Symbolen.

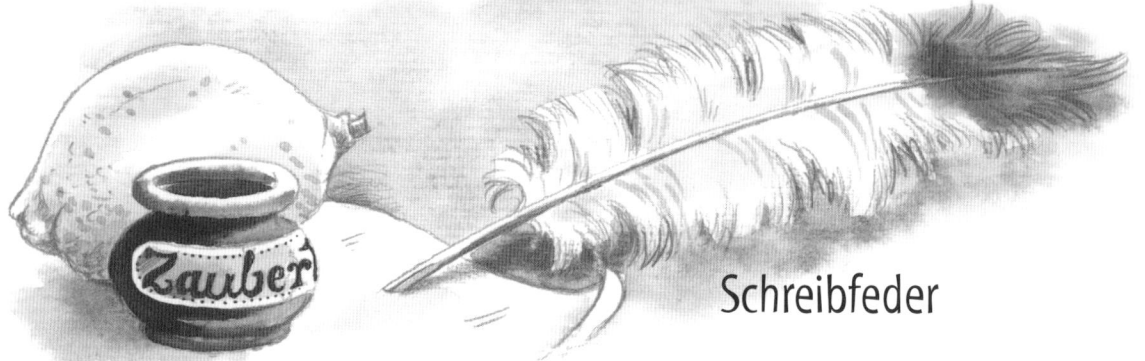

Zauberbuch mit einem Siegel

Will ein Zauberlehrling sein Zauberbuch vor frem-den Einblicken schützen, versiegelt er es!

Material: Zauberbuch; Lederbändchen, Kerzen-wachs, Prägemünze, Fresszettelchen

Mit dem Lederbändchen das Buch wie ein Paket fest verschnüren. Die beiden Bandenden zusam-menfassen und straff nach unten führen. Dicht unter dem Knoten ein „Fresszettelchen" unter-schieben – damit nichts verkleckern kann – mit Wachs einen tüchtigen Klecks unter dem Knoten auf die Bandenden tropfen und mit der eigenen Prägemünze versiegeln.
Der Knoten kann nur gelöst werden, wenn das Siegel gebrochen wird.

Siegel

Ein persönliches Siegel hat die gleiche Bedeutung wie eine Unterschrift, z. B. auf Verträgen, Urkun-den ... und darf von anderen weder gefälscht noch gebrochen werden. Es ist folglich bestens geeignet, die Geheimnisse eines Zauberers sicher zu bewahren.

Material: Siegelwachs oder Kerzenwachs, aus-gefallene Münze oder fein ziselierter, seltener Knopf oder altes Schmuckstück ...

Das Wachs erwärmen, über die zu versiegelnde Stelle halten und darauf tropfen lassen. Etwas warten, bis das Wachs nicht mehr zu flüssig ist, die Prägemünze hineindrücken und wieder ent-nehmen.

Schreibfeder

Ursprünglich waren die Füllfederhalter tatsächlich Halter von echten Federn!

Material: große Flugfeder (von Rabe, Bussard, Gans oder Schwan), Schneidebrett, Messer, evtl. grüne Tinte aus dem Tintenfässchen

Die Feder auf das Schneidebrett legen und schräg zur Spitze ca. 1 cm abschneiden. In die jetzt ent-standene Spitze – wie bei einem Füller – einen Ritz von 1 cm schneiden, hier kann sich dann die Zaubertinte sammeln.
Die eigentliche Spitze mit dem Messer ein kleines Stück abschneiden, damit die Feder beim Schrei-ben mehr Auflage hat und somit auch breiter schreibt.
Die Feder kann wahlweise mit grüner Tinte aus dem Tintenfässchen geschrieben werden oder mit unten stehender unsichtbarer Zaubertinte.

Zaubertinte

Material: Zitronensaft oder Milch, Schreibfeder, Lampe (Bügeleisen)

Mit der Feder (s. o.) und Zitronensaft (Milch) das Zaubergeheimnis auf Papier schreiben. Dabei die Feder beim Schreiben oder Malen immer wieder in die Flüssigkeit tauchen.
Das Papier anschließend gut trocknen lassen.

So wird die Schrift sichtbar:
Das Papier auf mittlerer Hitze bügeln oder vor-sichtig über eine heiße Glühbirne halten – schon erscheint die Schrift.
Wichtig: Die Schrift lässt sich nur einmal sichtbar machen – sie verschwindet nach dem Erwärmen nicht wieder!

Schlafender Drache

Pssst ... Eine Überraschung für kleine Zauberlehrlinge

Damit auch ein wenig Heimeligkeit in die zugige Zauberburg einziehen kann, nähen wissende Mütter von Zauberlehrlingen gerne um Mitternacht vor dem großen Jahrestag des Zauberers noch heimlich und ohne etwas zu sprechen diesen Schlafdrachen. Spricht sie darüber, erlischt der Zauber!

Material: alter Herrenschal, farblich passende, alte Kissenbezüge oder alte, verfilzte Pullis, Füllwatte, roter Filz, grüner Filz, zwei Knöpfe, Zaubernähmaschine, Studentenfutter

Aus einem Schal, zwei alten Kissen und etwas Filz wird über Nacht ein friedlicher Drache:

- Den Schal längs falten und der Länge nach zum Ende hin (Drachenschwanz) spitz zulaufend zusammennähen. Eine Seite bleibt noch offen.
- Den Schlauch wenden, damit die Naht innen liegt, und mit Füllwatte ausstopfen.
- An der offenen Seite, dem Kopf des Drachen, mit zwei großen Knöpfen die Augen andeuten.
- Eine rote Feuerflamme aus Filz schneiden. Etwa 1 cm tief in die noch offene Seite schieben und den vermeintlichen Drachenschlund mitsamt Feuerflamme schließen.
- Aus zwei alten Kissenbezügen (oder verfilzten Wollpullis) die Drachenflügel fertigen: Kissen auf links drehen, die zackige Form der Flügel vorzeichnen. Mit der Maschine entlang der Linie nähen, die Naht unten noch nicht ganz schließen. Die Form mit 2 cm Nahtzugabe ausschneiden, auf rechts drehen, zurechtzupfen und leicht polstern.
- Die offenen Seiten der Drachenflügel 1 cm nach innen umschlagen und direkt in richtiger Höhe an den Drachenkörper nähen.

- Aus grünem Filz den Drachenzickzack für den Rücken ausschneiden und an den Drachen nähen.

Mit etwas Drachenfutter nach Wahl (Studentenfutter o. Ä.) versorgt, findet der Drache seinen Platz vor dem Bett des noch schlafenden Geburtstagszauberers.

Zauberernamen

Sind die Zauberlehrlinge mit allem ausgestattet, wählen sie sich einen zu ihnen passenden Namen, damit sie sich Kollegen wie auch Nichtzauberern eindrucksvoll vorstellen können.

Zauberlehrlinge heißen gern nach großen Vorfahren aus der Zauberergeschichte, weil sie vermuten, dass dann auch ein wenig Zauberkraft der alten Meister auf sie übergeht:
Ob Merlin, Magius Potestas, Talesien, Theophrastus Bombastus von Hohenheim, Nihil Apparis, Johann Konrad Dippel, Ignotus Umbra, Henricus Nollius, Thomas Norton, Agrippa von Nettesheim, Benedictus Pareira, Andreas Libavius, Albus Dumbledore, Tim Weisbart, Nostradamus, Sir William Lilly, Graf St. Germain, Gandalf, Guiseppe Balsamo Cagliostro, Tomaso Campanella, John Zarwid, Hieronymus Cardanus, Francesco Stabili, Oswaldus Crollius, Antiochenus Cyprianus, Helvicus Ditericus, Sir Kenelm Digby und wie sie alle heißen ...
Aber auch jeder Fantasiename, der zauberhaft klingt, ist denkbar.

Die Kleidung des Zauberlehrlings

Die Kleidung des Zauberers fällt je nach Anlass ganz unterschiedlich aus: Da er während seiner Studien ungestört bleiben will, trägt er im Alltag Kleidung wie Jedermann. Zu Zauberertreffen hingegen kleidet er sich gerne, wie jeder seiner Kollegen, mit einem prächtigen Umhang und einem Zauberhut. Ist der Zauberer draußen nachts aktiv, trägt er seinen Tarnumhang – aber so hat ihn noch nie jemand gesehen ...

 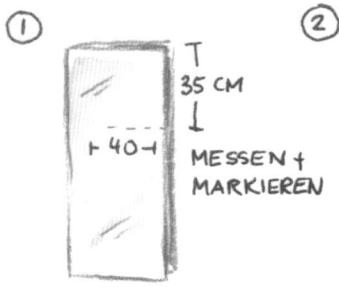

Der Zaubermantel

Wichtigstes Kleidungsstück ist auch für den Zauberlehrling ein prächtiger Zaubermantel. Mit so einem Mantel fällt das Ausführen der Zauberkunst einfach viel leichter!

Material: dunkelblauer oder schwarzer Stoff (Höhe: 2-mal 1,20 m, Breite: 1,40 m, Kapuze: 2-mal 30 x 30 cm), evtl. Stoffmalfarbe (silber)

Maßnehmen
Der Zauberlehrling stellt sich aufrecht hin.
- Für die Länge des Zaubermantels von der Schulter bis zum Boden messen.
- Für die Breite des Zaubermantels die Arme seitlich ausstrecken und von einer Hand bis zur anderen messen.

Für den Zaubermantel benötigen wir 2-mal die gemessene Höhe und Breite!

Soll eine Kapuze am Zaubermantel sein, dafür 2-mal 30 x 30 cm Stoff einplanen, damit die Kapuze schön weit nach hinten fällt!

Umhang
Die beiden gemessenen Stoffbahnen rechts auf rechts übereinander legen und längs in der Mitte einmal falten, sodass vier Lagen übereinander liegen.
- Für die Ärmel von oben nach unten 35 cm abmessen und ab diesem Punkt 40 cm zur Faltkante hin messen. Diesen Punkt mit Kreide markieren. (Abb. 1)
- Von diesem Punkt ausgehend mit der Kreide zwei Linien einzeichnen:
    1. schräg nach unten zur äußeren Saumecke
    2. schräg nach außen etwa zur Seitenmitte, damit die Ärmelöffnung sehr ausgeprägt wird (Abb. 2)

- Das so entstandene Dreieck ausschneiden.
- Für den Halsausschnitt einen Viertelkreis ausschneiden, wie das Viertel eines Kuchentellers. (Abb. 3)
- Den Stoff einmal auseinander falten, sodass Vorder- und Rückenteil des Mantels übereinander liegen.
- Die Seiten- und Schulternähte des Mantels zunähen. Die restlichen Kanten umsäumen.
- Das Vorderteil mit einem geraden Schnitt teilen und die Kanten säumen.
  (Bleibt das Vorderteil geschlossen, kann das Ganze als Zaubergewand getragen werden.)

Kapuze

Für die Kapuze die zwei Stoffteile von 30 x 30 cm rechts auf rechts aufeinander legen und zwei Seiten im rechten Winkel zunähen.
Die Seiten, die später zum Gesicht zeigen ca. 1 cm umsäumen.
Die Kapuze auf rechts drehen und in den Halsausschnitt des Umhangs einpassen.

Verzierung

Wer will, kann seinen Zaubermantel mit silberner Stoffmalfarbe verzieren – höhere Klassen wählen dazu die magischen Symbole. (vgl. S. 64 ff)

Umhangschnalle

Der Zaubermantel wird von einer silbernen Umhangschnalle zusammengehalten.

Material: altes, silbernes Halskettchen (oder feine Metallkette aus dem Baumarkt), zwei silberne Trachtenknöpfe (oder ähnlich brauchbarer Tand), weißer Nähfaden

In Heldenbrusthöhe die Knöpfe rechts und links an den Zaubermantel nähen. Das Silberkettchen schließen und so durch die eine Knopföse fädeln, dass der Verschluss sich in der Öse verkantet.
Mit dem Faden die gegenüberliegende Seite des Kettchens so zusammenbinden, dass der Knopf beim Tragen nicht herausschlüpfen kann.

Zauberhut

Den Zauberhut trägt der Zauberlehrling, wie die Junghexen auch, immer nur zu besonderen Anlässen.

Material: Stofffarbe wie Zaubermantel am besten in schwerem Samt, evtl. Gürtelschnalle

Den Zauberhut wie den Hexenhut anfertigen. (vgl. S. 21)
Wer will, kann aus dem Stoff ein Hutband in der Breite der Gürtelschnalle nähen, durch die Schnalle ziehen und mit grobem Stich am Hut befestigen.

Tarnumhang

Während der Zaubermantel mehr repräsentativen Zwecken dient, eignet sich der Tarnumhang dazu, in der Nacht unsichtbar zu werden.

Material: altes Bettlaken (tiefschwarz eingefärbt), schwarze Kordel (Band), Schere, Nähmaschine, Maßband

- Das schwarze Bettlaken auf den Boden legen.
- 50 cm von oben abmessen und nach vorne umlegen.
- Etwa 5 cm unter der Faltkante einen Tunnel abnähen, hierdurch wird später die Kordel gezogen.
- Das Bettlaken nun einmal rechts auf rechts der Höhe nach falten und oben mit einer Naht die Kapuze schließen.
- Eine Kordel durch den Schlauch ziehen und fertig ist der Tarnumhang.

Die Länge des Umhangs kann natürlich entsprechend der Größe des Zauberlehrlings etwas gekürzt werden!

Schule der magischen Künste für kleine Zauberer und Hexen

Die Schule der magischen Künste für kleine Zauberer und Hexen ist keine gewöhnliche Schule. Sie ist auch an keinen festgelegten Ort gebunden. Sie taucht überall da auf, wo Kinder zusammenkommen, die den Wunsch haben, die Dinge um sie herum zu erforschen, die neugierig darauf sind, hinter die Geheimnisse ihrer Welt zu kommen, die gerne in den Himmel schauen und sich von den Wolken, den Sternen ... Geschichten erzählen lassen, die sich von allem Zauberhaften magisch angezogen fühlen ... – es ist also eine Schule für alle Junghexen und Zauberlehrlinge, die das magische Alter erreicht haben.

Auch die Räumlichkeiten dieser Schule sind nicht an besondere Bedingungen gebunden. Allein die Vorstellungskraft und die ein oder andere Anpassung (angeregt durch die folgende Geschichte) sind erforderlich, damit die Schule für magische Künste öffnen kann ...

In der Schule für magische Künste

Das altehrwürdige Schulhaus liegt in einem zauberhaften Park mit altem Baumbestand. Es gibt hier knorrige, verwurzelte Bäume und jeder Baum hat sein eigenes Gesicht. Man findet versteckte Winkel, kühle, feuchte Gegenden genauso, wie lichte, helle Flecken mit Wiesenblumen und einen großen Festplatz, der in der Mitte eine Feuerstelle hat. Das Feiern ist Hexen und Zauberern nämlich sehr wichtig. Zum Schulgelände gehört auch ein alter Bauerngarten, der alle heilenden Kräuter beheimatet, sie sind spiralförmig angelegt, Liebstöckel gibt es da genauso wie Rosmarin, Salbei oder Lavendel.

Auf dem Weg zum Schulhaus laden eine Menge seltener Spielgeräte zum Verweilen ein. Im Labyrinth aus Hainbuche lässt sich Fangen und Verstecken spielen. Eine Partnerschaukel lädt zum Ausprobieren ein: schaukelt nur der eine, überträgt sich die Schwingung ohne Zutun auf die Schaukel des anderen, hört der eine auf zu schaukeln, schaukelt der andere und beide schwingen ... – wollen aber beide gleichzeitig den Schwung geben, geht gar nichts!
Auf einem riesigen Pendelstein, das ist ein schwerer großer Stein, der an einem Stahlseil hängt, finden selbst Erwachsene Platz. Wer sich von ihm schaukeln lässt, kann die unmöglichsten Dinge erspüren.

Die Schulräumlichkeiten

Im Schulhaus selbst führen breite, alte Holztreppen in die verschiedenen Stockwerke. Jedes Stockwerk lässt spüren, dass hier schon viel gelernt, gelehrt und erforscht wurde. Zuerst fällt die große Bibliothek auf. Hier werden seit Menschengedenken alle Schriften aufbewahrt.
Im Museum, das die gesamte Geschichte der Menschheit zeigt, kann, wer will, in jede beliebige Zeit verreisen ...
Ein Musikzimmer fehlt natürlich nicht. Hier dürfen alle Musikinstrumente ausprobiert und gespielt werden, vielleicht entsteht der Wunsch ein Instrument richtig spielen zu lernen ...
In der großen Aula ist eine Theaterbühne mit allem Schnickschnack installiert, es gibt einen Saal für Biologie, Physik, Alchemie, eine Hexenküche mit alten Dreibeinkesseln, kurz gesagt: es gibt alles!

Die LehrerInnen

Unterrichtet werden die SchülerInnen für magische Künste von ihren LehrerInnen, die alle erfahrene Hexen und Zauberer sind! Oh nein, nicht, dass diese große Vorträge halten würden – die LehrerInnen ermuntern die SchülerInnen lediglich immer wieder zum eigenen Studium, geben ihnen Anregungen und beratschlagen in Zirkeln mit ihnen, wie weit sie im Wissen über die Welt sind.

Nein, was sie am meisten von ihren LehrerInnen lernen, ist die Ehrfurcht vor dem Großen und Ganzen – und weil alle von ihnen das so schätzen, sind sie auch nicht überheblich und sehr, sehr humorvoll.

Die LehrerInnen, die selbst schon auf dieser Schule gelernt haben, sind manchmal ganz eigene Persönlichkeiten, um nicht zu sagen Käuze. Tatsächlich gleichen manche einer Eule, was ihre Weisheit und Beobachtungsgabe angeht. Wieder andere, die sich zum Beispiel mit Kräuterkunde beschäftigen, sehen aus wie alte Kräuterweiblein und auch ihr Buckel ist schon ganz rund vom ewigen Bücken, Hegen und Pflegen im schuleigenen Kräutergarten. Die Fachlehrer für Astronomie und Astrologie sehen aus wie der Zauberer Merlin persönlich und so weiter. Insgesamt sind alle ein wenig verschroben, eigen aber alle beseelt, dass die Zauberlehrlinge und Junghexen doch erfahren mögen, wie groß und wunderbar diese Welt ist.

Die Fächer

Unterrichtet werden drei Hauptfächer:

- Die „Magische Naturkunde" mit den Schwerpunkten: Heilkraft der Bäume, Kräuterkunde, Heilkraft der Steine, Kraft der Tiere, Magische Geschöpfe und Farbenlehre.
- Im Fach „Magische Symbolkunde" gibt es die Schwerpunkte: Symbole der Astrologie, Symbole der Elemente, Symbole der Alchemie.
- Die „Praktische Anwendung von Magie – Zauberkunst" umfasst die Schwerpunkte: Wortmagie, Zaubersprüche – Magische Elixiere, Düfte, Bäder, Zaubermixturen – Verteidigung gegen die dunklen Künste – Illusionskunst – Mantik, Wahrsagekunst

Die Klassen

Die Fächer sind in Klassen untergliedert. Das sind keine Klassen im üblichen Sinne, vielmehr bezeichnen sie lediglich die Eignung, die notwendig ist, um das Angebot verstehen zu können, hat aber nicht unbedingt etwas mit dem Alter der SchülerInnen zu tun. Auch gibt es keine zeitliche Begrenzung, wie lange die SchülerInnen in einer Klasse bleiben können – Sitzenbleiben kennt die Schule nicht!

Nun ist das Besondere an der Schule für magische Künste, dass sich die SchülerInnen bereits ab der 1. Klasse die Fächer auswählen, für die sie sich interessieren. So kann es durchaus sein, dass eine Junghexe/ein Zauberlehrling in einem Fach bereits die Angebote der 4. Klasse besuchen kann, in einem anderen Fach aber erst die 1. oder 2. Klasse besucht, je nach Neigung und Kenntnissen!

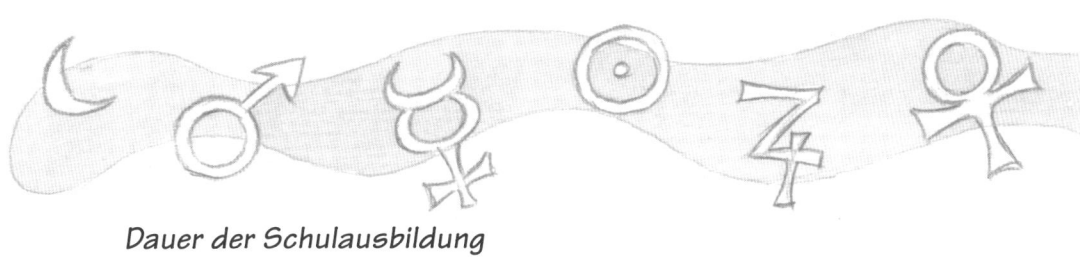

Dauer der Schulausbildung

Es gibt unendlich viele Jahrgangsstufen. Junghexen und Zauberlehrlinge können die Schule für magische Künste ab 4 Jahren besuchen. Die Grundschule umfasst 4 Klassen. Danach ändert sich das System. Die Junghexen und Zauberlehrlinge werden gleichzeitig SchülerInnen und Lehrbeauftragte: Wer etwas weiß, gibt dieses Wissen auch an jüngere Jahrgangsstufen weiter.

Wem das ewige Weiterlernen und -lehren total Spaß macht, der wird an der Schule, nach einer größeren Beratung und Prüfung durch das Lehrerkollegium, dann endgültig als LehrerIn übernommen. Wer nicht nur an der Schule tätig sein möchte, übernimmt vielleicht zeitweise einen Lehrauftrag ...

Grundsätzlich gilt für alle: Gezwungen wird zum Lernen keiner, denn lernen ist nur freiwillig möglich. Und sich weiter bilden, entwickeln und entfalten kann man sich nur selber.

Aber wer nichts lernen will, der ist für die Zauberei und Hexerei gänzlich ungeeignet. Der kann sich dann mit dem normalen Leben rumschlagen.

Schulsachen

Zauberlehrlinge und Junghexen dürfen alles, was sie von ihren magischen sieben Sachen gebrauchen können, in die Schule mitbringen. Besonders wichtig ist am Anfang ihr Zauberbuch, also ein leeres Tagebuch in Buchformat (DIN A5 oder DIN A4), denn hierein kommen vom ersten Tag an alle persönlichen Aufzeichnungen. Alles andere (Zaubermantel, Zauberhut, Zauberstab, Kessel, Mörser und, und, und ...) wird nach und nach bei Bedarf ergänzt.

Magische Naturkunde

Als Magie wird oft die unsichtbare, geheimnisvolle Energie genannt, die dem Kosmos das Leben gibt, sie wird in allen Kulturen in irgendeiner Form als Göttin und Gott bezeichnet. Unter ihrer Einwirkung stehen Pflanzen, Tiere, Menschen, Metalle und Mineralien gleichermaßen. Von daher haben sie auch alle wieder bestimmte Eigenschaften und Wirkungen auf den Menschen.

Das Ziel wahrer Magie ist das harmonische Zusammenleben mit den Kräften des Kosmos, sagen die einen, die anderen sagen das Leben mit Gott. Denn, wie heißt es in einer indischen Weisheit: Gott schläft im Stein, atmet in den Pflanzen, träumt in den Tieren und erwacht im Menschen. Paracelsus prägte die Vorstellung, dass dem Makrokosmos der Gestirne der Mikrokosmos Mensch gegenüber steht.

Magische Kraft aus der Erde

In allen Völkern wurde in vorchristlicher Zeit in den Naturreligionen die Erde als heilig verehrt. Unsere Vorfahren sahen, dass aus ihr alles Leben, alle Nahrung kommt und dass alles Leben zu ihr zurückgeht, so wie der Naturkreislauf es uns jedes Jahr vorlebt.

Nun gab es besondere Stellen, die besonders verehrt wurden. Seien es markante Berge, besondere Bäume, Steine oder Quellen, so genannte Naturheiligtümer. Hier seien die Erdkräfte besonders gebündelt. Tatsächlich gibt es Stellen, die zur Zeit der Kelten verehrt wurden, bei denen sich stärkere Magnetströme nachweisen lassen.

Anscheinend wussten unsere Vorfahren davon schon etwas. Nicht nur, dass sie diese Naturstellen verehrten, sie gaben diesen Naturheiligtümern eine Seele, bzw. einen Geist, der die Natur behütet: An Quellen, Bächen und Flüssen entstanden die Legenden von Nixen, Nymphen und anderen Wassergeistern. In Höhlen und versteckten Bergwinkeln vermutete man Zwerge und andere Waldgeister, die die Schätze der Berge hüten. Auf blühenden Wiesen und verborgenen Waldlichtungen glaubte man, Elfen und Feen würden Blumen, Bäume und Kräuter pflegen, behüten und versorgen.

Die Magier dieser Zeit hatten also einerseits das Wissen um die Heilkraft, die aus der Natur kommt, aber sie hatten auch eine große Achtung vor den unsichtbaren Kräften und damit auch Verehrung der Erde gegenüber. Säen, Pflanzen und Ernten waren an bestimmte Zeiten des Mondlaufes gebunden und tatsächlich wissen wir heute, dass es nach dem Mondkalender günstige und ungünstigere Zeiten für diese Arbeiten gibt.

Kraftplätze aufsuchen

Ab 1. Klasse (ab 4 Jahren)

Auf diesem magischen Spaziergang suchen Junghexen und Zauberlehrlinge je nach Möglichkeit, die die nähere Umgebung bietet, einen Zwergenwald, eine Elfenwiese oder eine Nymphenquelle auf.

Die begleitende „Dozentin für magische Naturkunde" erzählt bei dem Spaziergang nach eigenem Ermessen und eigener Profession, welche Bedeutung die Natur früher für die Magier, Kräuterweiblein und Schamanen hatte und wie die Heilkraft aus der Natur auch heute unsere Medizin bestimmt. (Anregungen dazu finden sich auf den folgenden Seiten.)

Die Kinder lassen die ausgewählte Stelle auf sich wirken, erkunden ihre Besonderheiten und nehmen sich von diesem Ort einen Kraftstein, eine Vogelfeder oder sonst ein magisches Fundstück mit.

Dieses verwahren sie in einem Zauberkästchen oder legen es in ihr Zauberbuch.

Magie der Bäume und Sträucher

Beschäftigen wir uns mit den verschiedenen Baum- und Straucharten näher, so erfahren wir, dass sie seit alters her eine gewisse Heilkraft und Schutzwirkung haben. Wer noch mehr erfahren will, wird sein Studium mit weiteren Quellen vertiefen.

Der Apfelbaum

wurde in den alten Religionen als Baum der Liebe und Glückseligkeit verehrt.

Dem Apfelbaum schrieben schon keltische Mythen die Kraft zu, ewige Jugend zu verleihen.

Zu allen Zeiten galt der Apfel als Symbol des Lebens, der Liebe und der Fruchtbarkeit. – Wer im Frühling auf einer Wiese mit weißblühenden Apfelbäumen geht, kann dieses Glücksgefühl selbst spüren!

Der letzte Apfel am Baum soll immer für das Apfelbaummännchen übrig bleiben, damit es im nächsten Jahr wieder eine gute Ernte beschert.

Im Apfel sind etwa 20 verschiedene Vitamine und Mineralstoffe, dass die Volksmedizin sagt, wer einen Apfel pro Tag isst, der brauche keinen Arzt.

Die Birke

wurde in früheren Zeiten als Baum der Weisheit verehrt. – Dass Hexenbesen mit Birkenreisern gebunden werden, ist ein Hinweis darauf, dass Hexen weise Frauen waren.

Wegen seiner schnell wachsenden Knospen und frühen Laubentwicklung, galt die Birke auch als Baum der Fruchtbarkeit. Darum ist sie auch das Frühlingssymbol.

In der Volksmedizin werden Birkenblätter als Blutreinigungstee eingesetzt. Extrakte aus Blättern und Rinde der Birke sind noch heute Bestandteil in Haarwuchs- und Haarpflegemitteln.

Die Buche

ist ein ganz besonderer Baum, denn aus Buchenholz wurden in germanischer Zeit Stäbe geschnitzt, die benutzt wurden, um die Zukunft zu bestimmen. – Hier hat das Wort Buchstabe seinen Ursprung.

Die medizinische Wirkung der Buche ist vor allem aus Nordamerika bekannt. Die Indianer setzten einen Absud von Blättern warm gegen Erfrierungen und kalt bei Verbrennungen ein.

Die Eiche

war allen Völkern heilig. Die Eiche wurde als die Herrscherin des Waldes verehrt. Und in allen Kulturen tummelten sich in der Eiche die verschiedensten Naturgeister.

Schon die Griechen vernahmen in ihrem Rauschen die Worte des Gottes Zeus. Den keltischen Priestern war die Mistel, die auf Eichen wuchs, besonders heilig.

Eichen, so hieß es, fördern die Entwicklung der Willenskraft. – Wer sich erschöpft fühlt, sollte unter einer Eiche Platz nehmen, um wieder Kraft zu tanken.

Medizinisch gesehen wirkt Eichenrinde entzündungshemmend und blutstillend.

Der Haselnussstrauch

eignet sich zum Schnitzen von Zauberstäben.

Die Hasel wurde in früheren Zeiten als Wünschelrute verwendet – sie diente Kundigen zum Auffinden von Wasserquellen.

Da die Hasel Erdstrahlen anzieht, diente sie in früheren Zeiten als Blitzableiter, ihre Nüsse galten als Symbol für Liebeskraft und Fruchtbarkeit.

Die Volksmedizin kannte schon früh die blutstillenden und fiebersenkenden Eigenschaften ihrer Blätter und Rinden.

Haselnussöl enthält reichlich Mineralien und Vitamine.

Der Holunderstrauch

muss niemals angepflanzt werden, er siedelt sich von selbst in die Nähe von Menschen an.

Früher galt der Holunder als Wohnsitz einer Leben spendenden Göttin – Frau Holle!

Holunderbeeren sind wegen dem hohen Vitamin C Gehalt gut zur Stärkung des Immunsystems.

Holunderblütentee wirkt Fieber senkend, vor allem bei Erkältungskrankheiten.

Die Linde

Der Linde wird nachgesagt, dass sie ein besonders friedliebender Baum sei – sind doch sogar ihre Blätter herzförmig.

Früher war es darum auch üblich, im Dorfmittelpunkt eine Linde zu pflanzen und ringsherum eine Bank zu zimmern, damit die Leute am Abend noch ein wenig friedlich miteinander plaudern konnten.

Das Blätterdach einer Linde ist so dicht, dass man sich darunter richtig beschützt und geborgen fühlt.

Aus der Kräuterküche wissen wir, dass ein Tee aus Lindenblüten Erkältungskrankheiten lindert.

Die unterschiedlichen Bäume werden im keltischen Baumhoroskop wie folgt charakterisiert:

Ahorn	die Eigenwilligkeit
Apfel	die Liebe
Birke	die Schöpferische
Eberesche	das Feingefühl
Eiche	die Robuste
Feigenbaum	der Empfindsame
Hainbuche	der gute Geschmack
Haselnuss	die Außergewöhnliche
Kastanie	die Redlichkeit
Kiefer	die Wählerische
Linde	die Friedliebende
Pappel	die Ungewissheit
Tanne	das Geheimnisvolle
Ulme	die gute Gesinnung
Walnussbaum	die Leidenschaft
Weide	die Gefühlvolle
Zypresse	die Treue

Zauberstab des Lieblingsbaumes

Ein Zauberstab aus dem Holz des Lieblingsbaumes soll Junghexen und Zauberlehrlingen die dem Baum typische Kraft verleihen.

Ab 1. Klasse
Material: Ästchen und Baumfrucht des Lieblingsbaumes, Schnitzmesser (Pflaster für alle Fälle!)

Aus einem Ästchen des Lieblingsbaumes einen individuellen Zauberstab schnitzen. (vgl. S. 31) Kann der Baum mit Tannenzapfen oder Nüssen als Baumfrucht dienen, können sie als Stabspitze den Zauberstab krönen und so die magische Kraft verstärken.

Einen Baumfreund finden

Ab 1. Klasse (ab 4 Jahren)
Material: Baumbestimmungsbuch

Alle Junghexen und Zauberlehrlinge versammeln sich zu einer „Exkursion" und machen sich auf die Suche nach ihrem Lieblingsbaum. Warum sie einen Baum auswählen, ist gleichgültig. Ob es Form und Farbe seiner Blätter ist, oder weil der Baum besonders schön gewachsen ist, oder weil er sich besonders gut zum Klettern eignet, oder warum auch immer – alle entscheiden allein nach ihrem Gefühl, welcher Baum ihr Baumfreund wird! Bei Unsicherheiten, um welche Baumart es sich handelt, schlagen sie gemeinsam mit ihrer Exkursionsleitung nach, wie der Baum heißt. Die Zauberlehrlinge und Junghexen nehmen sich ein Blatt von ihrem Lieblingsbaum mit nach Hause und legen es zum Trocknen in das Zauberbuch.

Magische Kräuterkunde

Zum Heilen nutzten weise Frauen und Männer vorwiegend die Heilkräfte der verschiedenen Kräuter, die heute noch in jeder Apotheke zu haben sind und noch heute in keinem Kräutergärtchen fehlen.

Das Hexengärtchen

Zaubersprüche und Rezepte wurden nur mündlich weitergegeben. Damit sie im Gedächtnis bleiben, wurden sie auswendig gelernt. Vielleicht hilft nachfolgendes Verslein die Wirkung der Kräuter bis ins hohe Alter zu behalten.

Ab 2. Klasse (ab 6 Jahren)

Das Hexengärtchen

Anis hilft uns bei Heiserkeit
Brennnessel reinigt das Blut
Verwende **Dill** bei Übelkeit
Dost (Oregano) tut uns bei Schwermut gut

Eisenkraut wir lernen lieben
Fenchel hilft gern unserm Bauch
Frauenmantel, so der Name,
hilft den Frauen dabei auch.

Gänseblümchen hilft der Blase,
heilt die Wunden, stillt das Blut.
Mit **Hollerblüten** wie auch Beeren
kann man die Grippe gut los werden.

Johanniskraut für unsre Nerven
Kamille ist ein Fieberhit
Knoblauch kämpft gegen Bakterien
und Vampire auch gleich mit.

Peterle hat Vitamine
Ringelblumensalbe heilt
Salbei und auch **Thymian**
nehmen sich Hals und Husten an.

Waldmeister verdauungsfördernd
Wermut fördert Appetit
Zwiebel hilft bei Herzensschwäche
und würzt den Salat noch mit.

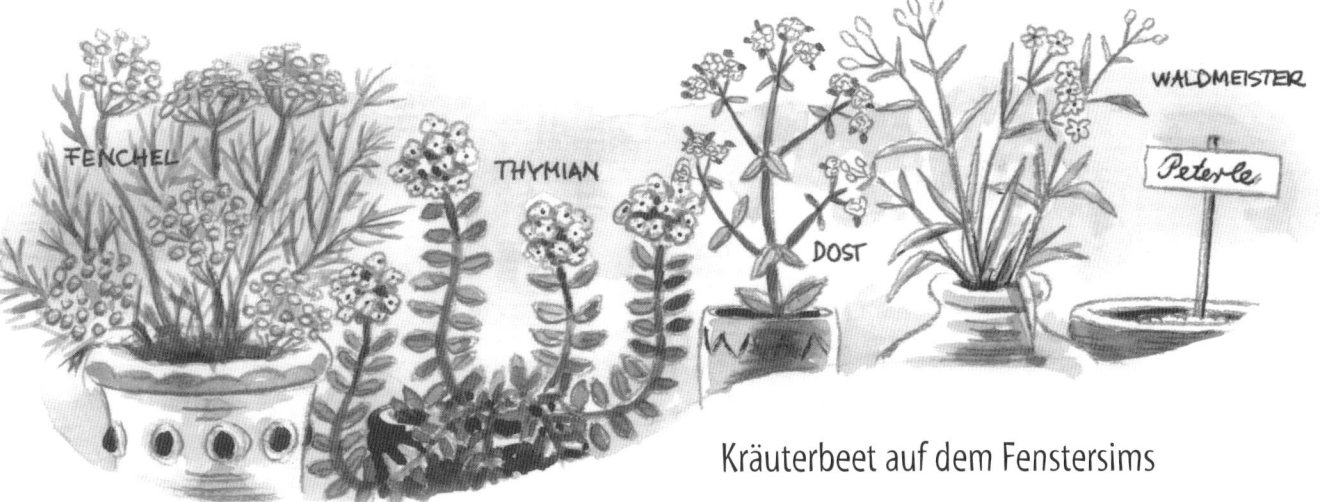

FENCHEL THYMIAN DOST WALDMEISTER Peterle

Anlegen eines Hexengärtchens

Ab 1. Klasse (ab 4 Jahren) unter Mitwirkung einer Lehrkraft für Kräuterkunde
Material: eine Auswahl an Kräutern, Gartengeräte (kleine Handschaufeln, Rechen ...), evtl. Gartenhandschuhe

Kein Kräutergarten gleicht dem anderen. Dafür haben Junghexen und Zauberlehrlinge viel zu viele Ideen, was in ihrem Garten wachsen soll und wie sie ihren Garten gestalten wollen. Deshalb folgen an dieser Stelle nur einige Hinweise, die grundsätzlich für alle Kräutergärtchen gelten:

- Der Standort eines Hexengärtchens muss windgeschützt und sonnig sein, denn die ursprüngliche Heimat der meisten Kräuter ist Südeuropa.
- Kräuter bevorzugen meist einen mageren Boden mit guter Entwässerung.
- Den Boden zur Vorbereitung schön lockern, aber nicht umgraben. Ein bisschen Kompost tut der Erde gut.
- Den Boden nicht düngen! Kräuter, die ins Kraut schießen, verlieren an Heilkraft.
- Kräuterpflanzen niemals zu früh ins Freie setzen! Am einfachsten ist es, Ende Mai fertig entwickelte Setzlinge in der Gärtnerei zu kaufen und diese in das Beet einzusetzen.
  Dabei darauf achten, dass jede Pflanze, auch wenn sie „ausgewachsen" ist, genug Licht und Platz hat!

Kräuterbeet auf dem Fenstersims

Ab 1. Klasse (ab 4 Jahren)

Wer kein Platz für ein Gärtchen hat, der pflanzt sein Hexengärtchen in einen Blumenkasten.

Kräuter ernten, sammeln und trocknen

Tipps zum Ernten und Sammeln magischer Kräuter

- Kräuter sollten stets in der Vollmondphase geerntet werden, denn die Heilwirkung der Kräuter ist dann besonders stark.
- Nach einem alten Volksglauben soll die Wirkung der Kräuter zwischen dem 15. August und dem 8. September besonders groß sein.
- Wird nicht im heimischen Garten, sondern auf fremden Wiesen gesammelt, ein Bestimmungsbuch verwenden.
- Keine Kräuter am Straßenrand sammeln, diese Kräuter haben zu viele Autoabgase abbekommen!

Tipps zum Trocknen magischer Kräuter

Früher war das Trocknen die einzige Möglichkeit, Kräuter für den Winter zu konservieren.
- Magische Kräuter gehören **nicht** in die Tiefkühltruhe.
- Die Kräuter weder in der Sonne, noch zu dicht am Ofen trocknen.
- Der Trockenplatz sollte nicht zugig aber luftig sein.
- Kräuter zu einem Bund binden.

Tipps für die Kräuterwahl

Basilikum

Das überaus würzige und stark riechende Kraut stammt eigentlich aus Ostindien und ist bei uns hauptsächlich aus Italien bekannt. Basilikum ist bei uns einjährig, weil es extrem kälteempfindlich ist. Die Pflanze auf der Fensterbank ziehen, denn Schnecken lieben Basilikum!
Heilwirkung: Es soll dem Körper Gift entziehen und schwere Gedanken vertreiben.

Liebstöckel

Liebstöckel ist eine winterharte Staudenart, sie ist im Volksmund als Maggiekraut bekannt und soll die Liebesfähigkeit anregen. Sie verträgt auch Halbschatten.
Nur eine Pflanze anpflanzen, sie kann bis zu 2 m hoch werden.

Majoran

Majoran kannten bereits die alten Ägypter, auch bei den Griechen und Römern war er bekannt.
Majoran liebt einen sonnigen Standort. Majorantee hilft bei Erkältung.

Melisse

Die Heimat der Melisse war ursprünglich der Vordere Orient. Sie liebt einen sonnigen Standort, der feucht, aber durchlässig sein muss. Melissenbäder wirken entspannend.

Oregano

ist der wilde Bruder des Majoran. Schon in der Antike wurde er geschätzt.
Er soll Glück im Diesseits und Jenseits bescheren.
Oregano liebt einen sonnigen Standort, auch gerne im Steingarten.

Pfefferminze

kam ursprünglich aus England zu uns.
Der Standort kann habschattig sein, denn Pfefferminze mag es gern ein bisschen feuchter.
Pfefferminztee ist wegen seiner erfrischenden Wirkung bekannt. Er schmeckt warm und kalt gut!

Rosmarin

Die Griechen weihten Rosmarin ihrer Liebesgöttin Aphrodite. Er gilt als Garant für Liebe und Treue. Im Mittelmeerraum wächst Rosmarin an steilen Steinhängen. Außerdem ist er kreislaufstärkend als Badezusatz.

Salbei

kommt ursprünglich aus Griechenland und Spanien. Salbei braucht viel Platz und einen sonnigen Standort.
Die Volksmedizin sagt: Wer ewig leben will, der esse Salbei im Mai.
Wer Halsschmerzen hat, kann mit Salbei gurgeln.

Thymian

Thymian war bereits in Ägypten bekannt. Auch er will einen sonnigen Standort.
Thymian hat keimtötende Wirkung.

Ysop

Diese Heilpflanze kommt ursprünglich aus Südosteuropa und Asien.
Buddhistische Mönche haben Ysopbüschel in ihren Klöstern aufgehängt, weil angeblich der Duft Krankheiten vertreibt.

Tipps zur Aufbewahrung magischer Kräuter

Die Kräuter sollen knisternd trocken, aber noch grün sein. Wenn sie braun werden, war die Hitze zu groß. Sind die Pflanzen getrocknet, werden sie in Behältnissen aufbewahrt.

- Die Kräuter vor der Verwendung nicht mit Feuchtigkeit in Berührung bringen.
- Die Kräuter zwischen den Fingern auf einem Stück sauberem Papier zerreiben.
  Dann in Gläser, Dosen oder Pappschachteln zur Aufbewahrung geben.
- Licht kann die Heilwirkung beeinträchtigen. Am besten dunkle Gläser oder Weißblechdosen verwenden.

Anwendung magischer Pflanzen

Ab 3. Klasse (ab 8 Jahren)
Material: Pflanzen mit magischer Wirkung (s. S. 51) nach Belieben

Wer auf die alte Handschrift vertraut, sammelt die entsprechenden Pflanzen, hängt sie im Hause auf zum Trocknen, verfährt wie beschrieben und schaut ob der Zauber wirkt!

Kleines ABC der magischen Pflanzen

Die Liste der magischen Pflanzen ist so groß und das Studium würde so weit führen, dass hier ein kleines ABC als Einführung ausreichen soll. Es gilt wie immer, wer mehr wissen will, zieht für sein Studium weitere Quellen hinzu.
Die folgenden Hinweise habe ich einem alten handgeschriebenen Hexenbuch entnommen, alles konnte selbst ich nicht verstehen! Ich hoffe, ich habe alles richtig entziffert ...

Basilikum schützt Haus und Hof, der angenehme Duft bringt Freude und Fröhlichkeit.

Birke schützt vor Verhexung. Aus Birkenrinde kann man Talismane herstellen.

Eisenkraut wird als Liebespflanze bezeichnet.

Farn, neben das Fenster gestellt, schützt vor bösem Zauber.

Jasmin fördert die Liebe.

Kamille zieht Geld an. Vor einem Glücksspiel die Hände in kaltem Kamillentee waschen.

Knoblauch ist wirksam gegen den bösen Blick. Als Zopf aufgehängt, bringt Knoblauch Glück.

Lorbeer über ein Blatt Papier gewischt, hilft beim Schreiben.

Margerite fördert Zuneigung.

Mistel, die auf Eichen wächst, ist die heilige Pflanze der Druiden, sie diente auch dem Liebeszauber.

Rose: Die Rose ist die Blume der Liebe. Sie ist der Göttin Venus geweiht. Rosenknospen ins Feuer geworfen bringen Glück.

Rosmarin verbessert das Gedächtnis und zieht, unters Kopfkissen gelegt oder am Körper getragen, das Glück an.

Magie der Steine

Schon die Menschen der Antike waren davon überzeugt, dass bestimmte Steine unterschiedliche Heilkraft haben. Noch heute sind vorgeschichtliche Steinsetzungen zu bewundern, die darauf hinweisen, dass in alten Religionen Steine eine große Rolle gespielt haben. Wegen seiner Unveränderbarkeit wird der Stein gerne in Verbindung gebracht mit den ewigen göttlichen Mächten und als Ausdruck konzentrierter Macht. Steine sind die Verbindung zur Erde. Kein Wunder, dass Zauberlehrlinge und Junghexen von Kindesbeinen an, wo sie gehen und stehen, in heimischen Gefilden oder auf Reisen in entfernten Ländern Steine sammeln und als Symbol des jeweiligen Ortes zu Hause wie Schätze aufbewahren.

Seinen Stein finden

Steine haben ihre eigene Anziehungskraft, auch auf Junghexen und Zauberlehrlinge. Lenken sie die Gedanken auf den Wunsch „ihren" Stein zu finden, brauchen sie nur noch etwas Geduld, dann werden sie ihn entdecken und wissen: Das ist er!
Dieser Stein wird sie immer wieder begleiten, mal als Gefühlsstein, als Wutstein, als Willensstein ... und wird ihre Kraft stärken und ihnen Sicherheit geben.

Ab 1. Klasse (ab 4 Jahren)

Wenn Junghexen und Zauberlehrlinge einen für sie bedeutsamen Stein finden wollen, dann stürmen sie nicht ins Freie drauf los den nächst besten Stein zu ergattern, sondern sie tragen sich längere Zeit mit dem Gedanken, einen Lieblingsstein zu finden. Das muss kein Mineralienstein sein, das kann ein ganz „gewöhnlicher" Stein sein. Sie warten ab, bis der Stein zu ihnen gelangt: Vielleicht rollt er bei einem Spaziergang auf dem Weg ihnen ein Stück entgegen, vielleicht bekommen sie ihn „zufälligerweise" geschenkt oder sie entdecken ihn urplötzlich im Bachlauf ... Haben sie bei seinem Anblick das Gefühl „Das ist er!", nehmen sie sich diesen Stein als „ihren" mit nach Hause.

Gefühlsstein

Wer seinen Stein gefunden hat, nimmt ihn in die Hand und spürt wie die körpereigene Energie den Stein durchströmt. Es tut gut einen Stein in der Hand zu spüren. Mit der Zeit wird er auch richtig schön warm und gibt die Kraft zurück.

Wunsch- oder Willensstein

Wenn sich Zauberlehrlinge oder Junghexen selbst einen großen Wunsch erfüllen wollen, ihnen dazu aber das nötige Durchhaltevermögen oder die nötige Willenskraft fehlt, dann wirkt der Wunschstein manchmal Wunder:
Den Stein fest in die Hand nehmen, sich den Wunsch genau vorstellen und sich ausmalen, wie es sein wird, wenn man es geschafft hat ...

Erzählstein

Manchmal hat man was auf dem Herzen, was man noch keinem erzählen mag. Da hilft der Erzählstein.
Dazu auch wieder den Stein in die Hand nehmen, Energie und Gefühl in den Stein fließen lassen und dann in Gedanken dem Stein die geheime Sache erzählen.
Der Stein wird sich alles in Ruhe anhören und darüber schweigen ...
Manchmal klärt sich die Sache allein durch das Erzählen, manchmal gibt es die Kraft sich jemandem anzuvertrauen ...

Zuhörstein

Wenn Zauberlehrlingen und Junghexen ganz langweilig ist und ihnen echt nichts mehr einfällt, dann nehmen sie ihren Stein in die Hand, machen es sich ganz bequem und hören ihrem Stein mal zu. Dabei strengen sie sich überhaupt nicht an, sondern sie lauschen auf das, was ihnen in den Sinn kommt. Haben sie genug gehört, bedanken sie sich bei ihrem Stein und legen ihn wieder an seinen Platz.

Wutstein

Wer absolut wütend ist, nimmt einen Stein und drückt alle Wut in den Stein. Wenn er alle Wut los ist, bedankt er sich bei dem Stein und verbuddelt ihn im Garten. Nach 28 Tagen ist auch der Stein den Ärger endgültig wieder los.

Mutstein

Wenn Junghexen und Zauberlehrlinge mal ganz der Mut verlassen hat, dann nehmen sie ihren Stein in die Hand und spüren ganz die Kraft des Steines, die auf sie übergeht. Sie atmen dabei vom Stein ins Herz und spüren dabei, wie sie an Mut gewinnen. Wer will, kann sich dabei noch folgenden Spruch sagen: „Bleibe stark mein kleines Herz, das Abenteuer hat begonnen, das Leben ist nicht nur ein Scherz, doch frisch gewagt ist halb gewonnen!" (aus: Erich Kästner, Der kleine Mann)

Steingärtchen

Unsere Vorfahren haben an so genannten Kraftorten, an denen eine starke Erdenergie vermutet wurde, Steinspiralen ausgelegt oder Steinhaufen aufgeschichtet, um diesen Ort zu schützen und die Energie zu verstärken.

Ab 1. Klasse (ab 4 Jahren)

Auf einem Spaziergang sammeln die Junghexen und Zauberlehrlinge alle möglichen Steine auf, die ihnen gefallen. Auf einer freien Fläche (im Sand, auf Gartenerde, auf der Wiese, auf Waldboden ...) setzen sie daraus ein Steingärtchen.
Zuerst umranden sie die dafür vorgesehene Stelle mit Steinen, dann legen sie Muster nach Belieben. Vielleicht eine Spirale, vielleicht setzen sie kleine Steinhäufchen ..., was immer ihnen gerade einfällt.

Steinhaufen

Sind genügend Steine vorhanden, können die SchülerInnen für magische Künste damit einen richtig großen Steinhaufen bilden.
Bleibt der Steinhaufen über eine längere Zeit erhalten, finden sich schnell auch Bewohner ein: Käfer, Spinnen, Kröten, Salamander, ... vielleicht sogar eine Ringelnatter oder Blindschleiche.
Es lohnt sich, den Steinhaufen immer mal wieder zu besuchen!

Steinkreis

Ab 1. Klasse (ab 4 Jahren)

Wer seinen Lieblingsplatz in der Natur gefunden hat, kann diesen mit einem Steinkreis markieren.

Kraftstein

Ab 1. Klasse (ab 4 Jahren)

Beim Spaziergang achten Junghexen wie auch Zauberlehrlinge auf große Steine. Meist liegen die Steine dort schon ewig.
Wer einen solchen Stein gefunden hat, setzt sich darauf, versteinert selbst und stellt sich vor, wie das so ist, seit Ewigkeit an diesem Platz zu sein, bei jedem Wetter.

Weißer Stein

In Rom gab es die Sitte jedes glückliche Ereignis mit einem weißen Stein zu kennzeichnen.

Ab 2. Klasse (ab 6 Jahren)

Wie wäre es, mal über einen längeren Zeitraum (ein ganzes Jahr) für die glücklichen Ereignisse solche Glückssteine zu sammeln.
Am Ende (des Jahres) können die Junghexen und Zauberlehrlinge dann sehen, dass sie sich „glücklich schätzen" können!

Lochsteine

Die mit einem Loch versehene Jadescheibe ist ein Himmelssymbol. Das Loch symbolisiert hier das Hereinscheinen der geistigen in die irdische Welt.

Ab 2. Klasse (ab 6 Jahren)

Aber absolutes Glück bedeutet, einen Lochstein sein Eigen nennen zu dürfen! Entweder finden Zauberer und Junghexen einen solchen nach langem Suchen in der freien Natur oder eine befreundete Junghexe oder ein Zauberlehrling hilft einmal zum Jahrestag mit einem entsprechenden kleinen Geschenk aus dem Mineralienladen nach.

Rolling Stones

Rollende Steine werden als Heilsteine bei Schmerzen der Gliedmaßen verwendet.

Ab 3. Klasse (ab 8 Jahren)
Material: runde Kieselsteine

Ganz normale, runde Kieselsteine in den Backofen geben und leicht erwärmen. Eine Hand voll warme Steine nehmen und die Kieselsteine mit den Händen (ohne Druck!) über die schmerzende Körperstelle rollen. Der Schmerz wird gelindert oder genommen.
Sehr entspannend wirkt immer – auch ohne Schmerzen – eine „rollende" Rückenmassage!

Die magische Wirkung von Mineralien

Im Erdinneren befindet sich Magma, eine zähflüssige Glut, die manchmal aus Vulkanen zum Ausbruch kommt. Diese Glut kühlt ab und verdichtet sich in vielen Millionen Jahren auch im Erdinneren.

Ist das Endprodukt ein einheitlicher Stoff, so spricht man von einem Mineral, besteht es aus einem Stoffgemisch, so spricht man von einem Gestein.

Als Edelsteine werden harte, haltbare, glänzend polierte bzw. seltene Mineralien bezeichnet. Sie werden auch gerne als irdische Sterne bezeichnet, als Sinnbilder des himmlischen Lichtes auf Erden.

Den Mineralien wird auf Grund ihrer chemischen Zusammensetzung eine Heilwirkung zugeschrieben.

Bei den nachfolgend beschriebenen Wirkungen unterschiedlicher Mineralien berufe ich mich auf Michael Gienger. (s. Literaturempfehlungen)

Achat (blau, braun, rot, gelb)

Achat stand in der antiken Welt sowie in Indien, Nepal und Tibet als Schutzstein und Glücksbringer in hohem Ansehen. Er soll Schutz, Geborgenheit und Sicherheit vermitteln, indem er innere Spannungen löst. Ein Amulett aus Achat soll seinem Träger Beredsamkeit und Ruhe verleihen und sein Herz stärken.

Amethyst (violett)

Der Name Amethyst stammt aus Griechenland und bedeutet „unberauscht" (amethystos). Er soll eine klärende Wirkung besitzen und gegen schlechte Träume helfen, wenn er unter das Kopfkissen gelegt wird.

Aquamarin (blaugrün bis blau)

Aquamarin (lat. „Meerwasser") fördert geistiges Wachstum. Er soll Leichtigkeit und heitere Gelassenheit bringen. Körperlich sei er gut gegen Allergien.

Bernstein (honiggelb bis rot-braun)

Bernstein ist der erste Edelstein der Menschheitsgeschichte. Als Heilstein seit 7000 Jahren in Gebrauch, fördert er ein sonniges Wesen, macht spontan und aufgeschlossen und bringt Sorglosigkeit, Glück und Fröhlichkeit.

Ein Collier aus Bernstein soll Krankheiten vorbeugen.

Bergkristall (klar)

Bergkristall galt in allen Kulturen als Heil- und Zauberstein. Er soll die Wahrnehmung und das Verstehen verbessern. Bergkristall stärkt die Nerven, gibt Energie, senkt auch das Fieber und lindert Schmerzen.

Calcit (unterschiedliche Farben)

Calcit schenkt Stabilität, Selbstvertrauen und Standhaftigkeit.

Fördert das Vermögen, Ideen in die Tat umzusetzen. Körperlich soll er stoffwechselanregend, wachstumsfördernd und immunstärkend bei Kindern wirken.

Hämatit (silbrig-schwarz)

Hämatit soll den Willen stärken und macht unerfüllte Wünsche bewusst. Körperlich wirkt er blutstillend.

Heliotrop (grün mit roten Pünktchen)

Heliotrop bedeutet griechisch „Sonnenwender", was auf seine starke Heilkraft verweist. Dieser Stein stärkt die Abwehrkräfte. Ein Amulett aus Heliotrop garantiert Langlebigkeit und Erfolg. Legt man einen Stein unters Kopfkissen, wird einem im Traum die Zukunft gezeigt.

Jade (grün)

Ein Amulett aus grüner Jade garantiert Gesundheit und ein langes Leben.

Karneol (orange-rot)

Karneol kräftigt das Herz, stärkt das Gemüt und soll auch zornmildernd wirken.

Lapislazuli (blau)

Lapislazuli fördert die Weisheit und innere Wahrheit. Er gilt als Stein der Freundschaft.

Mondstein (Pastelltöne bläulich)

Der Mondstein wird dem Mond zugeordnet und gilt als Gefühlsstein und Glücksstein.

Moosachat (grün ohne Punkte)

Moosachat stärkt die Liebe zur Natur. Er bringt der Seele Erholung.

Pyrit (metallisch)

Pyrit bedeutet Feuerstein, da er beim Aufschlagen Funken sprüht. Er fördert die Selbsterkenntnis.

Rosenquarz (rosa)

Rosenquarz fördert Herzenskraft und Romantik.

Smaragd (smaragdgrün)

Smaragd fördert geistiges Wachstum und den Sinn für Schönheit. Er hält geistig jung.

Türkis (türkisblau)

Türkis muntert auf und schützt bei Empfindlichkeit gegen äußere Einflüsse. Türkis macht bewusst, dass man selbst seines Glückes Schmied ist.

Kraft der Mineralien verstärken

Ab 3. Klasse (ab 8 Jahren)
Material: Steine, Quell- oder Regenwasser, Handtuch

An einem sonnigen Tag die Steine nach draußen bringen, eine große Glasschüssel mit Quell- oder Regenwasser füllen. Die Mineralien etwa eine Stunde hineinlegen, anschließend einen Stein nach dem anderen herausnehmen und trocken reiben.

Steinorakel

Das Steinorakel dient hier nicht der Deutung und Weissagung, sondern dient den Junghexen und Zauberlehrlingen dazu, die magischen Kräfte der Steine kennen zu lernen und zu erfahren, welcher Stein ihnen zur Zeit besonders nahe ist.

Ab 2. Klasse (ab 6 Jahren)
Material: verschiedene Mineralien, Tuch, evtl. Steinbestimmungsbuch

Gemeinsam alle Steine auf einem Tuch ausbreiten. Die Kinder betrachten die Steine und wählen sich jeweils einen Stein aus, der ihnen besonders gefällt. Der Reihe nach werden die Steine (evtl. mithilfe des Bestimmungsbuches) bestimmt und seine Heilkraft vorgelesen. (s. S. 55)
Vielleicht heißt es ja dann: „Stimmt, das kann ich im Moment gut gebrauchen!"

Zauberstab mit Steinmagie

Wer bereits seinen Lieblingsstein gefunden hat und auch noch seinen Lieblingsbaum, der macht sich daraus vielleicht den ultimativen Lieblingszauberstab.

Ab 2. Klasse (ab 6 Jahren)
Material: Holzzweig vom Lieblingsbaum, Lieblingsstein (nicht zu groß), Fimo, kleine Perlchen, Schnitzmesser

- In den Zweig mit dem Schnitzmesser die persönlichen Zeichen ritzen. (s. S. 64 ff)
- Zauberstab und Stein waagrecht vor sich hin legen.
- Vom Fimo daumenlang und -breit ein Stück abbrechen und weich kneten.
- Die Fimomasse um den Stein und das eine Ende des Holzstabes legen und festdrücken.
- In den Reif aus Fimo nach Belieben kleine Miniperlchen stecken.
- Den Zauberstab nach Angabe des Herstellers nicht zu heiß backen ...

Magische Geschöpfe – Krafttiere

Klar sind Plüschtiere einfach zum Kuscheln da, aber es ist doch sehr erstaunlich, dass die Geschmäcker so verschieden sind. Schwören die einen auf Teddybären, sammeln die anderen Schmusekatzen. Geraten die einen bei Hunden in Verzückung, freuen sich andere über Delfine oder andere Meerestiere. Schenken die einen Schweine als Glückssymbol, sammeln die anderen Frösche. Manch ein älterer Zauberlehrling gibt sich zeitweise nur mit Fledermäusen und Ratten ab oder lässt gerade noch eine Schneeeule zu. Ganz Verwegene dekorieren sich mit den ekligsten Plastikspinnen. Woran liegt das?

Seit Urzeiten wird jedem Tier eine bestimmte, ausgeprägte Charakterstärke zugeschrieben. Nach und nach lernen die Junghexen und Zauberlehrlinge diese Vielfalt an Eigenheiten kennen. Je nach Alter beschäftigen sie sich erst mal mit Tieren, die ihnen vertraut sind: Katzen, Hunde ... – je nach Vorliebe. Dann studieren sie bevorzugt wilde Tiere, damit sie auch die Kraft dieser Tiere spüren und sich selbst kräftig und stark fühlen. Bis zum Ende der Schullaufbahn erfahren sie, wie fleißig Ameisen, wie schlau Füchse, wie sozial Wölfe sind ... und das nicht nur mit dem Verstand, sondern auch mit dem Herzen!

Die Magie der Krafttiere

Bär

Der Bär spielt bereits in der Frühgeschichte der Menschheit eine wichtige Rolle, dies beweisen Felsenbilder. Nach nordeuropäischer Geschichte war nicht der Löwe, sondern der Bär der König der Tiere. Das Sternbild des großen Bären heißt offiziell „ursa major", Große Bärin. Sie war die Wächterin des Polsternes und der Weltachse. Im Norden half der Bär in Form eines Bärenhemdes, das den Kriegern angeblich bärenhaften Mut und Stärke verlieh und sie zu „Berserkern" machte.

Delfin

Delfine sind Säugetiere, die im Wasser leben, es sind sehr soziale, kluge und humorvolle Wesen. Sie sind viel älter als die Menschen und ihre Hirnkapazität ist wesentlich weiter entwickelt. Manche Forscher meinen sogar, sie hätten telepathische Fähigkeiten. Sie haben eine sehr differenzierte Sprache.

Hase

Der Hase ist Symboltier des Mondes und der ständigen Erneuerung des Lebens. Hasen sind nachtsichtig und gelten als Nachttiere. Das heißt symbolisch: Sie wissen um die Dunkelheit und können den Menschen bei ihrer Suche helfen.

Katze

Die Katze ist gern bei Menschen, sie gibt aber niemals ihre Individualität auf. Wer Katzen streichelt, dessen eigenes Wohlbefinden steigert sich ebenfalls. Die Katze gilt als Symbol der Frauen, des Familiensinns und der Häuslichkeit. Katzen waren den Ägyptern heilig und hießen „Mau", entsprechend dem Laut, den sie hervorbrachten.

Eule

Sie verkörpert Weisheit und Voraussicht, aber auch telepathische Fähigkeit. Biologisch gesehen ist die Eule scharfsichtig, sie kann aus fünfzig Metern Höhe genau auf eine Maus zielen und sie erwischen. Sie kann im Herbst schon wissen, wie der Winter wird und richtet danach ihre Brut. Die Eule ist ein Nachtvogel und verträgt die Sonne nicht.

Kröte und Frosch

Kröten wie auch Frösche scheinen mit der Magie der Wiedergeburt verbunden zu sein. Kröten sind normalerweise äußerst harmlos, aber die Hautausscheidung mancher Arten enthält ein Gift, das angeblich zur Flugsalbe verwendet wurde.

Pferd

Mit oder ohne Schwingen war das Pferd ein gängiges Symbol der Seelenreise. Das konnte eine Reise zum Mond oder zur Welt des Jenseits oder auch zum Land der Toten sein.

Schildkröte

Die Schildkröte, auf der die Welt ruhte, war ein Symbol des ewigen Lebens und deshalb auch menschlicher Langlebigkeit.

Schlange

Der Buchstabe S ist eines der ältesten Symbole für das Schlangenhafte und zwar auf Grund seiner Form und seines zischenden Klanges. Die Schlange war eines der ältesten Symbole weiblicher Macht. Schlangen hielt man für unsterblich, da man glaubte, dass sie durch das Absterben der alten Haut sich auf unendliche Zeit erneuern könnten.

Fledermaus

Fledermäuse sind hilfreiche Tiere, die Insektenbefall abhalten. Da sie in der Dunkelheit fliegen, wurden sie auch als Symbol für die Seelenreise verwendet.

Rabe

Raben sind wissende Tiere. Sie verfügen über eine differenzierte Sprache und können sich über Leute lustig machen, die sie verachten. Ist ein Futterplatz überfüllt, rufen sie, dass keine weiteren Artgenossen nachkommen. Der Rabe ist sozial und wohl geordnet.

Wolf

Der Wolf verkörpert Einsamkeit, aber auch ausgeprägtes Clanverhalten. Die Menschen des alten Europa verwandelten sich bei der Wintersonnenwende in Wölfe. Es gibt Sagen, wonach sich Hexen in Wölfe verwandelten, wenn sie einen magischen Teich durchquerten.

Adler

Der Adler ist aus den alten Mythen nicht wegzudenken, mit seiner Einsamkeit, seiner Kraft und dem Flug in der Höhe der Berggipfel. Den Indianern ist er Vermittler zu den Seelen der Ahnen.

Spinne

Die Spinne wird in den alten Mythen mit der großen Göttin in Zusammenhang gebracht. Die Mythologie spricht von den drei Göttinnen: Die eine spinnt den Lebensfaden, die andere misst seine Länge, die dritte durchtrennt ihn wieder.
Das Spinnennetz flößte früher den Menschen ebenso viel Ehrfurcht ein wie den Biologen unserer Tage. Wir sprechen vom Vernetzen, wenn wir verschiedene Gedanken oder Interessen zusammenbringen wollen. Wer genügend Vorstellungskraft besitzt, kann sich seine Zukunft zurechtspinnen.

Krafttier auswählen

Ab 1. Klasse (ab 4 Jahren)
Material: Zauberbuch, Stift, Tier(bilder)bücher, Kuscheltiere

Alle Zauberlehrlinge und Junghexen suchen sich ein Krafttier aus, von dem sie meinen, dass es gut zu ihnen passt.

Vielleicht haben sie schon unbewusst eine Auswahl getroffen, durch ihr entsprechendes Haustier oder durch die spezielle Sammlung von Kuscheltieren. Wer sein Krafttier gefunden hat, der umgibt sich mit ihm in jeder Form, ob als Kuscheltier, als lebender Begleiter, als kleine Symbolzeichnung oder indem er es auch in seinem magischen Namen führt. So wäre der Name Eulalia Katzentatze ein sicherer Hinweis darauf, dass das Krafttier dieser Junghexe eine Katze ist. Wer sich für sein Krafttier entschieden hat, zeichnet es in sein Zauberbuch.

In Krafttiere verwandeln

Ab 1. Klasse (ab 4 Jahren) mit Begleitung einer erfahrenen Dozentin für Verwandlungskünste

Wie schon unsere Vorfahren verwandeln sich Junghexen und Zauberlehrlinge nicht nur bei Vollmond in ihre Krafttiere. Damit unentschiedene SchülerInnen der magischen Künste eine Entscheidungshilfe erhalten, erzählt die Dozentin für magische Verwandlung eine längere Geschichte, in der Krafttiere mit ihrer jeweiligen Charakterstärke vorkommen. Die SchülerInnen verwandeln sich während der Geschichte in die jeweiligen Tiere und spüren mal nach, ob sie gerne so ein Tier wären.

Die Geschichte könnte so oder ähnlich beginnen:
Jedes Jahr im zeitigen Frühjahr sind im nahe gelegenen Wald unzählige, quakende Stimmen zu hören. Von überall her hüpfen Frösche, um sich gemeinsam im großen Waldteich zu treffen. Dort veranstalten sie ein solch ohrenbetäubendes Froschkonzert, um den Frühling lauthals zu begrüßen. Von diesem Lärm geweckt, erwacht der Osterhase, der in wilden Sprüngen über die Wiese fegt, um das nahende Osterfest vorzubereiten. Mit Gelassenheit sieht die Waldeule aus sicherer Entfernung diesem Treiben zu, dreht nur ihren Kopf bei Vollmond in alle Seiten, um der ganzen umtriebigen Waldschar zuzusehen. Gevatter Bär schüttelt seinen alten Pelz und erwacht vom Winterschlaf, langsam trottet er durch den tiefen Wald, um an der Quelle Wasser zu schlürfen. Selbst der einsame Wolf heult in dieser Nacht den Mond an und macht sich auf die Suche nach seiner Familie ...

Magische Geschöpfe

Seit Menschengedenken ist von magischen Geschöpfen die Rede, die kein normal Sterblicher je zu Gesicht bekommen hat. Und trotzdem haben auch sie feste Charakterzüge, die ihnen überall auf der Welt zugeschrieben werden.
Was ist dran an diesen Gestalten? Sind es Wesen aus der Urzeit der Menschheit, Deutungen von prähistorischen Knochenfunden, oder sind es Geschöpfe, die tief in unserer Seele ihr Unwesen treiben und gebändigt werden wollen?
Diese Fragen beschäftigen die SchülerInnen der Schule der magischen Künste natürlich besonders.

Drache

In alten Legenden ist die Rede von schlafenden Drachen, die unermessliche Reichtümer bewachen. Drachen sind so alt wie die Welt. Es heißt, dass sie nicht wirklich existieren, sondern nur Fantasiegebilde sind. Drachen sollen auf einer Insel am Ende der Welt leben. Drachen passen sich in die Landschaft ein, dass kein ungeschultes Auge sie erblicken kann.

Einhorn

Von scheuen Einhörnern ist die Rede, die sich nur in Gegenwart einer holden Jungfrau blicken lassen. Auf manchem Wappen ist das Einhorn zu erkennen, es scheint mit babylonischen und ägyptischen Tiersymbolen für die Jahreszeiten in Verbindung zu stehen. Als der Frühlingsstier, der sich gegen den Löwen des Sommers aufbäumt, im Profil dargestellt wurde, verschmolzen seine beiden Hörner zu einem. Noch immer sind Löwe und Einhorn auf der britischen Flagge zu sehen, wo sie Sonne und Mond darstellen.

Phoenix

In alten Legenden wird berichtet vom Vogel Phoenix, der sich alle sieben Jahre zum Sterben auf eine selbst errichtete Feuerstelle legt, um wie neu geboren aus der Asche aufzusteigen. Der Name Phoenix verweist auf einen phönizischen Gott. Der ursprüngliche Vogel war wahrscheinlich das Symbol für die Sonne, die auf ihren Schwingen durch den Himmel flog, immer wieder beim Sonnenuntergang geopfert und beim Sonnenaufgang wieder geboren wurde.

Basilisk

Die Rede ist auch von Basilisken, die, halb Vogel halb Schlange, angeblich mit ihren Blicken töten können. Der Basilisk (griech. Basiliskos) für kleiner Schlangenkönig, vereinte nach gängiger Vorstellung Vogel- und Schlangenelemente. Einige behaupten, das der Basilisk aus einem Hennenei schlüpfte, das von einer Schlange ausgebrütet wurde, andere, dass er aus einem Schlangenei schlüpfte, das von einer Henne ausgebrütet wurde. Andere wiederum vertraten die Meinung, dass dieses Geschöpf eine Krone mit drei Zacken auf dem Kopf trug oder einen Schwanz mit drei Enden besaß. Das hervorstechendste Element des Basilisken war sein giftiger Blick. Er ist die tierische Verkörperung des Bösen Blicks. Nur wer einen Spiegel gegen ihn richtete, konnte gegen ihn gewinnen, dann traf sich der Basilisk mit seinem eigenen todbringenden Blick.

Pflege magischer Geschöpfe

Damit die SchülerInnen der magischen Künste immer genau wissen, wie sie sich verhalten müssen, wenn sie einem Fabelwesen begegnen, werden sie praktisch dafür ausgebildet.

Ab 2. Klasse (ab 6 Jahren)
Material: Tamburin oder sonstige Trommel

Die SchülerInnen bewegen sich in der großen Halle für magische Sportaktivitäten wie im wirklichen Leben kreuz und quer durcheinander. Die Dozentin für die Pflege magischer Geschöpfe schlägt rhythmisch die Ritualtrommel.

- Ruft sie **„Begegnung mit einem Einhorn"**, suchen sich die SchülerInnen schnell einen Partner, beim zwölften Schlag der Trommel muss einer der beiden eine kniende Jungfrau mimen, der andere legt seinen Kopf in ihren Schoß. Wer das bis zum zwölften Schlag nicht hinbekommt, versteinert für eine Weile und wartet auf seine Erlösung.
Nach dem zwölften Schlag laufen die SchülerInnen wieder kreuz und quer zu den Trommelschlägen durch den Raum.

- Ruft die Dozentin für Pflege magischer Geschöpfe **„Begegnung mit einem Drachen"**, bilden die SchülerInnen Reihen, indem sie die Hände auf die Schultern des Vorderzauberers legen. Wer nach drei Trommelschlägen die längste Reihe gebildet hat, wird zum Drachen (bei Unsicherheiten, entscheidet die magische Spielleiterin). Vorne steht nun der Drachenkopf, alle anderen müssen sich in zwölf Trommelschlägen an den magischen Drachenschwanz anschließen.
Wer aber vom Drachenkopf erhascht wird oder nicht bis zum zwölften Schlag den Drachenschwanz erreicht, versteinert wieder.
Danach geht es wieder kreuz und quer durch die Halle.

- Wenn die magische Spielleitung **„Begegnung mit einem Basilisken"** ruft, knien sich alle hin, beugen den Kopf und strecken die rechte Handfläche nach hinten über die Schulter, so wird der Basilisk von seinen eigenen Blicken getötet.

- Ruft die magische Spielleitung **„Begegnung mit einem Phönix"**, rennen die magischen SchülerInnen flügelschlagend zum einen Ende der Halle, legen sich zum Schlaf und erheben sich wieder flügelschlagend zur anderen Seite der Halle. Wer das nicht bis zum zwölften Schlage schafft, versteinert wieder.

Am Ende des Spieles entscheiden die SpielerInnen, die nicht versteinert wurden, wer von den Versteinerten nächste magische TrainerIn wird. Alle werden erlöst und das nächste Spiel beginnt

...

Fabelwesen erschaffen

Fabelwesen haben viel mit Vorstellungskraft zu tun. Junghexen und Zauberlehrlinge nähern sich ihnen, indem sie sich selbst magische Geschöpfe schaffen.

Ab 1. Klasse (ab 4 Jahren)
Material: Papier (DIN A4), Bleistifte, viele Buntstifte, Schere, Klebstoff, großer Karton

Die SchülerInnen erhalten jeweils ein Blatt Papier und einen Bleistift. Sie falten das Papier von unten nach oben in vier gleiche Teile. Der Reihe nach entsteht Abschnitt für Abschnitt ein wundersames Geschöpf:

- In den oberen Abschnitt verdeckt einen magischen Kopf zeichnen. Den Halsansatz etwas über die Linie verlängern, damit der nächste einen Ansatzpunkt zum Weitermalen hat. Das Papier so falten, dass nur noch der Halsansatz zu sehen ist und nach links weiter geben.
- Der nächste malt jetzt nach seinen Vorstellungen, Hals und Bauch des magischen Geschöpfes, diesmal mit einem Ansatzpunkt der Beine für den nächsten magischen Künstler ...
- Es folgen die Beine ...
- ... zum Schluss irgendwelche Füße.

Nun beginnt die Feinarbeit in umgekehrter Reihenfolge:
Das Blatt auf gleiche Weise Abschnitt für Abschnitt farbig ausmalen: jeder links Folgende malt nacheinander erst einen Kopf, dann Hals und Bauch, dann Beine und schließlich Füße in den buntesten Farben an.
Werden jetzt die Blätter wieder auseinander gefaltet, sind die buntesten magischen Geschöpfe zu bewundern!

Gemeinsam überlegen alle, wo die jeweiligen magischen Geschöpfe wohl leben könnten. Sie verwandeln den großen Karton zur magischen Landschaft, schneiden ihre magischen Geschöpfe aus und kleben sie in die Landschaft!

Schamanische Tierverwandlungen

Ab 1. Klasse (ab 4 Jahren)

Zu allen Jahresfesten verwandelten sich Zauberer und Hexen in ihre Krafttiere. Bei uns ist das heute nur noch zu Samhain (Halloween) und Imbolc (Karneval) der Brauch (vgl. auch S. 113). Da jeder weiß, wie er sich in eine Katze verwandelt, oder in einen Drachen, wird hier auf eine nähere Beschreibung verzichtet. Wer unsicher ist, findet Hinweise in der Literaturliste. („Hallo Halloween" und „Helau, Alaaf und gute Stimmung")

Tierische Kraftzauberstäbe

Ab 3. Klasse (ab 8 Jahren)
Material: Ästchen vom Hollerbusch, Stricknadel, Siegellack. Je nach Wahl: Raben-, Adler- oder Eulenfeder, Katzenhaar, Drachenschuppen, Einhornhaar oder Spinnenfädchen usw.

Das Mark aus dem Holunderstab mit der Stricknadel entfernen. Stattdessen ein Haar, Federchen oder Fädchen seines Krafttieres in den Hollerstab geben. Mit Siegellack verschließen.
Nun unterstützt das Krafttier den Zauberstab beim magischen Wirken.

Magie der Farben

Schon die alten Ägypter glaubten an die Wirkung von Farben auf das körperliche, geistige und seelische Wohlbefinden von Menschen. Sie bauten Tempel, deren Räume jeweils in einer der sieben Regenbogenfarben gestrichen waren. Diese Räume wurden benutzt, um Krankheiten durch eine ganz bestimmte Farbenergie zu heilen. Goethe befasste sich mit der Wirkung der Farben auf den Menschen und stellte fest, dass es einen Zusammenhang gibt zwischen der Ausstrahlung einer Farbe und den Empfindungen, die sie im Menschen auslöst.

Die SchülerInnen der magischen Künste lernen die Farben und ihre Wirkungen kennen. Sie werden in vielen anderen Fächern wie Mineralienkunde, Zaubertränke, Kräuterkunde etc. auf dieses Wissen zurückgreifen können.

Farben und ihre magische Wirkung

Rot ist die Farbe für alles Lebendige. Die Farbe des Feuers signalisiert Wärme, Geborgenheit, Hitze und Leidenschaft. Außerdem ist sie die Farbe des Blutes. Die Farbe Rot erzeugt im Körper ein Wärmegefühl. Puls und Blutdruck erhöhen sich, die Farbe Rot wirkt anregend auf Herz und Kreislauf.

Blau ist die Farbe des Himmels. Sie symbolisiert unendliche Weite und durch die gewölbte Form des Himmels Geborgenheit und Sicherheit zugleich. Dies weckt beim Menschen Vertrauen und lädt ein zum Träumen. Dunkleres Blau vermittelt Klarheit und logisches Denken.

Gelb ist die Symbolfarbe für Gesundheit und körperliches Wohlbefinden. Gelb sind Sonne und Sterne. Gelb ist auch die Farbe vieler Blüten und Früchte. Gold ist dabei die edelste Variante von Gelb.

Grün ist die Farbe der Natur. Der Blick in die Natur wirkt beruhigend und harmonisierend. Grün ist die Farbe von Harmonie und Ruhe.

Orange ist die Farbe des Gleichgewichts und der Zufriedenheit. Orange vermittelt ein fröhliches und zugleich ein entspanntes Gefühl. Orange wird auch mit Sonne und Wärme assoziiert. Die Farbe steht für Lebensfreude, sie stimmt uns heiter und gelassen. Orange setzt sich zusammen aus dem vitalen Rot und dem geistig anregenden Gelb. Es wirkt belebend und aktivierend.

Violett ist die Farbe der Spiritualität. Warmes Rot und kaltes Blau vereinigen sich. Die Farbe wird als Verbindungskanal zwischen der diesseitigen und der jenseitigen Welt angesehen.

Braun ist die Farbe der Erde und des Abschieds. Wenn im Herbst alle Pflanzen geerntet sind und sich in die Erde zurückziehen, bleibt die nackte braune Erde. Aber nach dem Abschied kommt ein Neubeginn! So wie die Erde nur ruht, um im Frühjahr wieder neue Pflanzen zu treiben.

Weiß ist die Farbe der Reinheit. In einigen Kulturen trägt die Braut ein weißes Brautkleid, in anderen ein rotes... Die Wäsche in der Fernsehwerbung soll weißer als weiß sein. Weiß bis silbrig ist auch der Mond. Weiß beinhaltet das ganze Farbenspektrum.

Schwarz ist die Farbe des Schutzes. Trägt eine Hexe oder ein Zauberer schwarz, dann heißt das nicht, dass sie Schlechtes im Sinne führen. Es ist eine feierliche Farbe und dient dem Schutz der Person.

Anwendung der Farbmagie

Ab 1. Klasse (ab 4 Jahren)

Zauberlehrlinge und Junghexen berichten über ihre eigenen Erfahrungen mit Farbmagie, wählen ihre momentane Lieblingsfarbe aus und kleiden sich in ihr, verwandeln ihr Hexenhäuschen entsprechend und gestalten ihr Zauberbuch danach.

Magische Symbolkunde

Die Welt ist noch heute voller Symbole: Wir wissen, wenn das grüne Männchen auf der Ampel erscheint, dass wir über die Straße gehen können. Wir freuen uns, wenn wir von einem lieben Menschen ein Herz aus Lebkuchen oder Plüsch geschenkt bekommen, und wir ärgern uns, wenn wir den Schwarzen Peter im Spiel ziehen.

Auch die Magie steckt voller Symbole. Magische Symbole sind so alt wie die Menschheit. Es sind bildhafte Zeichen mit einem tieferen Sinn. Die meisten magischen Symbole haben ihren Ursprung in alten Kulturen.

Die SchülerInnen für magische Künste lernen in diesem Fach nicht nur über die magischen Symbole, die Astrologie, die Elemente, die Alchemie kennen, sondern darüber hinaus, bei Interesse, die ägyptische Hieroglyphenschrift genauso wie die Keilschrift, chinesische Schriftzeichen und vor allem die Ursymbole der Menschheit.

Symbole der Astrologie

Das Studium der Astrologie ist in der Schule für magische Künste das Fach, das die SchülerInnen, Junghexen wie Zauberlehrlinge, meistens besonders fasziniert und beschäftigt. Die folgenden Ausführungen sind deshalb als kurze Einführung für den Einstieg gedacht, denn wie immer gilt: Wer mehr wissen will, nutzt weitere Quellen und forscht selbstständig weiter!

Im Fach Sternenkunde werden in der Schule für magische Künste Teleskope gebaut (vgl. S. 28), die Sterne beobachtet, die Entfernung der Sterne geschätzt, aber auch die Sternbilder gelernt und deren mythologische Bedeutung erfahren.

Die Astrologie geht nämlich von der Vorstellung aus, dass die Kraft der Planeten, die zu unserer Geburtsstunde zu sehen sind, sich auf unser Werden und unsere Charakterzüge auswirkt. SchülerInnen für magische Künste lernen den kosmischen Zusammenhang und den Himmel kennen, die kosmische Kraft aus dem Universum. Sie lernen wieder nicht allein mit dem Verstand, sondern vielmehr mit dem Herzen. Sie begreifen, dass sie ein Teil des Universums sind, ein winziger Teil des Ganzen!

Zauberlehrlinge und Junghexen wenden sich an den Himmel zu den Sternen – wie es die alten Ägypter, Griechen und Römer vor ein paar tausend Jahren getan haben. Dort oben, in den Sternen, steht geschrieben, so glaubten die Menschen der Antike, was hier unten das irdische Leben bestimmt. Die Sterne ergaben bestimmte konstante Sternenbilder. Das eine Sternbild sah vielleicht aus wie ein Löwe, das andere wie ein Widder. Entsprechend bekamen die Sternbilder die Namen, die wir heute noch kennen. Wer nun im Sternbild des Schützen auf die Welt kam, dem schrieb man Eigenschaften eines Schützen zu. Denn die Vorstellung war, dass die Stellung der Sterne die Geschicke des Menschen auf der Erde beeinflusst.

Sternengucker

Es gibt bewegliche Sternkarten, auf denen man genau Datum und Uhrzeit einstellen kann, um dann zu sehen, welche Sterne gerade am Himmel sind. Diese lassen sich zum Sternegucken gut einsetzen und sind eine lohnende Anschaffung für Junghexen und Zauberlehrlinge.

Ab 2. Klasse (ab 6 Jahren)
Material: Sternkarten, Papier, Buntstifte, Zauberbuch, evtl. Teleskop (S. 28)

Junghexen und Magier versammeln sich auf dem Turm des Schulgebäudes und schauen in die Sterne – mit bloßem Auge oder mit einem Teleskop. Gemeinsam vergleichen sie mit ihrer Sternkarte, welches Sternbild gerade am Himmel steht.
Sie malen die Sternbilder auf. Zuhause übertragen sie ihr Sternbild in ihr persönliches Zauberbuch.
Versehen sie ihr Bild mit Datum, können sie im Laufe der Zeit, nach mehreren Beobachtungen, die Wandlung des Sternenhimmels nachvollziehen.

Das Sonnensystem

Planeten – die „Umherschweifenden"

In unserem Sonnensystem drehen sich Planeten, griech. „die Umherschweifenden", oder auch Wandelsterne genannt, in einer eiförmigen Bahn um die Sonne. Auch ihr jeweiliger Stand soll eine Wirkung auf unser Leben auf der Erde haben. Magier verwenden die Symbole dieser Planeten, um damit die den Sternen zugeordnete Kraft auszudrücken. Die alten Griechen gaben den Planeten Namen ihrer Götter. In der griechischen Götterwelt ging es mitunter drunter und drüber – so wie bei uns zu Hause auch. Von daher hatten die griechischen Götter auch sehr menschliche Eigenarten und Charakterzüge.

Je nach dem, unter welchem Wandelstern sie geboren wurden, hatte dies auch wieder eine Auswirkung auf die jeweiligen Eigenarten der Menschen. Diese Vorstellung, dass das Schicksal des Menschen von der Konstellation der Gestirne zu seiner Geburtsstunde abhängt, wird in der Astrologie mit dem Horoskop bestimmt. Beim Horoskop werden auf Ort, Tag und Stunde genau die Stellung der Gestirne berechnet. In einem aus den 12 Tierkreiszeichen bestehenden Kreis werden Sonne, Mond und Planeten als Grundlage für Schicksalsdeutung benutzt:

Sonne

Im Mittelpunkt unseres Sonnensystems steht die Sonne. Drum steht die Sonne in ihrer Bedeutung für Zielstrebigkeit.

Alle anderen Planeten umkreisen die Sonne. Das heißt, wer in diesem Zeichen geboren ist, genießt es auch, wenn alles sich um ihn dreht.

Da die Sonne lebensspendend für unsere Erde ist, steht sie auch für alles Lebendige. Da sie im Zentrum steht, symbolisiert sie auch Macht und Zielstrebigkeit.

Ihr heiliger Tag war der Sonntag.

Mond

Der Mond ist verantwortlich für die Gezeiten der Meere. Darum ist er auch ein Symbol des Wassers und das Wasser steht für Gefühl, Seele und Mütterlichkeit. Zwar sorgt die Sonne durch ihre Kraft bei Tage für das Wachstum der Pflanzen, der Mond aber hat in der Nacht ebenfalls Wirkung auf das Pflanzenwachstum. So halten sich viele Bauern an den Mondkalender, der festlegt, wann welche Arbeiten auf dem Feld verrichtet werden sollen.

Sein heiliger Tag war der Montag.

Mars

Das Zeichen des Planeten Mars wird in der Botanik und Zoologie für männliche Lebewesen verwendet. Mars war in der griechischen Mythologie auch ein Liebhaber der Venus, erst später galt er

als kriegerischer Gott. Der Mars steht für Willensstärke, Tatkraft, Mut und Entschlossenheit. Sein heiliger Tag war der Dienstag.

Merkur

Merkur war der römische Name für den Gott Hermes und war offenbar von dem lateinischen Wort merx oder mercator (Kaufmann) abgeleitet. Als Gott des Handels als auch der Magie galt er als geschickter Unterhändler für alle Belange der Menschheit. Wer unter diesem Stern steht, dem traut man Vernunft, eine gute Auffassungsgabe, ein sicheres Urteilsvermögen, Kritikfähigkeit und Gewandtheit in Ausdruck und Schrift zu. Sein heiliger Tag war der Mittwoch.

Jupiter

Das Jupiterzeichen wird sowohl für den Planeten als auch ursprünglich für die Göttin des Regens und des Donners verwendet. Erst allmählich wandelte er sich zum Göttervater. Die Astrologen schrieben ihm Führerschaft, Heiterkeit, Offenheit und Großzügigkeit zu.

Sein heiliger Tag ist der Donnerstag.

Venus

Der „Spiegel der Venus" verkörpert die Kräfte der Göttin Venus: Liebe und Leben. Ihr Zeichen ist das botanische und zoologische Emblem für Weiblichkeit überhaupt.

Die symbolische Bedeutung der Venus: Anziehungskraft, Gefühlsstärke, Empfindungen für Harmonie, Schönheit und Kunst, Lebensbejahung. Ihr heiliger Tag war der Freitag.

Saturn

Der Gott Saturn verkörpert die Vergänglichkeit. Die Römer hielten Saturnalienfeste ab, um den Winter zu verabschieden. Saturngeborene sind dem Element Erde zugeordnet. Dies bedeutet Konzentration und Festigung, Beharrlichkeit, Ernst und Vertiefung. Der Tag des Saturn war der Samstag, der letzte Tag in der Woche.

Hexagramm

Das Symbol ist ein starkes magisches Zeichen. Es steht für das Sonnensystem.

Die Planeten **Uranus**, **Neptun** und **Pluto** waren den Menschen der Antike nicht bekannt. Ihnen wurde von den alten Astrologen daher auch keine kosmische Wirkung auf der Erde zugeschrieben.

Magisches Hexagramm

Magier im Mittelalter haben immer eine Vorliebe für Flechtmuster bei der Verzierung ihres magischen Handwerkszeuges und ihrer Schutzamulette gehabt, die aus einer einzigen ununterbrochenen Linie bestanden. Sie glaubten, dass sie so persönlich geschützt seien, weil diese Muster keine „Tore" hatten, um etwas Fremdes eindringen zu lassen.

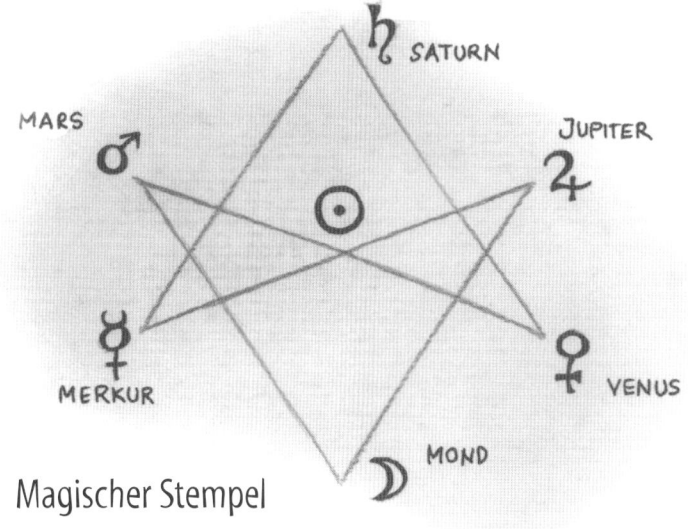

Ab 3. Klasse (ab 4 Jahren)
Material: Zauberbuch und Stifte

Das magische Symbol ins Zauberbuch übertragen, dabei das Hexagramm ohne abzusetzen zeichnen. Wer schafft's?
Wer will, kann seine magischen Sieben Sachen mit den Symbolen verzieren.

Magischer Stempel

Ab 3. Klasse (ab 8 Jahren)
Material: Kordel , Bauklotz, Klebstoff, Stempelkissen

Das Hexagramm aus Kordel auf eine Seite eines Bauklotzes kleben. Nach dem Trocknen auf das Stempelkissen drücken und wichtige Papiere mit Hexagramm stempeln.

Planetenstundenplan

Da die Planeten den einzelnen Wochentagen zugeordnet wurden, wird der Stundenplan der Schule für magische Künste auf die einzelnen Planeten und deren kosmische Strahlung abgestimmt.

MONTAG

DIENSTAG

MITTWOCH

DONNERSTAG

FREITAG

SAMSTAG

SONNTAG

Montag – Mondtag

Am Montag (Tag des Mondes) geht der Unterricht gemütlich los, alles was mit Häuslichkeit, Mütterlichkeit, versorgt werden zu tun hat, genießen Zauberlehrlinge heute.

Ab 1. Klasse (ab 4 Jahren)
Material: Zauberbuch, Buntstifte, Matten, ein kleines Schummerlichtlein, wenn vorhanden eine Mondlaterne

Thema des magischen Unterrichtes an einem Montag ist der Mond.
Die SchülerInnen setzen sich im magischen Kreis zusammen und erzählen sich alles, was ihnen zum Mond einfällt. Das können Mondgeschichten sein, vielleicht eigene Erlebnisse/Träume bei Vollmond ... Nach dieser Erzählrunde malen sie ein Mondbild in ihr Zauberbuch und zum Abschluss legen sich alle gemütlich auf die Matten und der Zaubermeister oder die Oberhexe erzählt eine Traumreise, bei der alle vom Mond träumen:

Die Spielleitung löscht das Licht und singt leise ein Mondlied (z. B. „Der Mond ist aufgegangen" oder was immer ihr einfällt). Langsam geht sie in Summen über und wenn Ruhe eingekehrt ist, beginnt sie die Traumreise (so, oder so ähnlich mit eigenen Worten):

So, wie die Melodie des Liedes, lassen wir uns von der Wiege des Mondes immer hin und her schaukeln ... Wir fühlen uns dabei geborgen und wohl ... Der Mond hüllt alles um uns in silbrig glänzendes Licht. Die ganze Welt schläft und lässt sich vom Mondlicht verzaubern ... Der Mond scheint über Berge und Täler, über Wälder, Felder und Wiesen. Auch über alle Seen und Meere. Wie die Wellen des Meeres schaukeln wir hin und her, sicher getragen von der Sichel des Mondes ... Das Mondlicht gibt unserer Seele

Ruhe, alle Hektik des Tages verfliegt, das Mondlicht verzaubert die Stille der Nacht ... Friedlich träumen wir zur Melodie des Wiegenliedes ... Nach einem „blauen Mondtag" kommen wir gestärkt für den Rest der Woche hierher zurück und dehnen und strecken uns!

Dienstag – Marstag

Am Dienstag ist Marstag. Und wie heißt es so schön? „Mars macht mobil bei Arbeit, Sport und Spiel!" Na, dann mal los!

1. Stunde: Besenflug!

Alle, die jetzt noch keinen Besen haben, binden sich einen (s. S. 18), wer sich noch keinen Besen hexen kann und dazu länger braucht, nimmt solange noch den alten Küchenbesen!

Ab 1. Klasse (ab 4 Jahren)
Material: 3 Bälle (1 Luftballon, 1 normaler Ball 1 kleiner Dopsball), 6 Körbe oder Papierkörbe, Kreide, kleine Schultafel (ersatzweise Blatt Papier und Kuli), pro SchülerIn 1 Hexenbesen

Spielvorbereitung: Auf die Schultafel untereinander die Namen aller SchülerInnen schreiben. Auf den Boden mit einem Strich ein riesiges Hexagramm (s. S. 67) malen. An jedes Ende des Hexagramms einen Papierkorb stellen.

Alle Zauberlehrlinge und Junghexen verteilen sich auf dem Hexagramm. Mit einem Pfiff (Trillerpfeife) beginnt das Spiel. Aufgabe ist es, mit den Besen möglichst schnell rittlings auf den markierten Linien zu laufen, ohne dabei die anderen zu überholen und ohne daneben zu treten!

In der Mitte steht die Hexensportlehrerin (der Zaubersportlehrer) und hält alle drei Bälle, Tafel und Kreide bereit:

- Wird der **Luftballon** ins Feld geworfen, so müssen die Zauberlehrlinge und Junghexen den Luftballon bis zum nächsten Pfiff in der Luft in Bewegung halten, während sie dabei weiterreiten. Gelingt ihnen das erhalten alle einen Pluspunkt auf der Tafel.
- Kommt der normale **Ball** ins Spiel, bleiben die SchülerInnen sofort wie angewurzelt stehen. Wer den Ball gefangen hat, probiert ihn in einen der Papierkörbe zu treffen. Gelingt ihm dies, gibt es zwei Pluspunkte.
- Wer den kleinen **Dopsball** fängt und in einem der Körbe landen kann, bekommt 10 Punkte.

Hinweis: Bei jüngeren Jahrgängen wird mit nur einem Ball gespielt.
Ältere Jahrgänge können auch schon mal alle Bälle auf einmal bekommen …

Mittwoch – Merkurtag

Am Mittwoch regiert Merkur. Alles, was mit Handel und Verhandeln zu tun hat, glückt am Mittwoch.

Flohmarkt in der Hexen- und Zaubererschule

Ab 2. Klasse (ab 6 Jahren)
Material: alles, was irgendwie magisch sein könnte

Damit Junghexen und Zauberlehrlinge ein Gefühl für das Handeln bekommen, bringen alle die magischen Sieben Sachen von zu Hause mit, von denen sie sich trennen können. Ein großer Flohmarkt wird aufgebaut. Die Sachen werden begutachtet. Jeder erzählt, was für tolle Dinge das sind (z. B. ein Radio, mit dem sich prima Äther hörbar machen lässt; ein Wecker, dessen Zeiger stille stehen, damit man die Zeitlosigkeit genießen kann, und und und …)
Gemeinsam wird dann gehandelt, getauscht, eventuell gekauft …

Zaubergeldwerkstatt

Geld ist für Junghexen und Zauberlehrlinge kein Problem. Lernen sie doch schon ziemlich früh, sich ihr Geld selbst zu backen!

Ab 2. Klasse (ab 6 Jahren)
Material: Fimo (tonähnliches Material, das im Backofen gebacken werden kann), Nähnadel, Geldstück, Wellholz, Farbe (gold, silber, bronze)

Mit dem Wellholz das Fimo auf die Höhe von einem halben Zentimeter auswellen.
Das Geldstück auf die Platte legen und mit der Nadel umranden.
Den Vorgang wiederholen, bis sich auch das kleinste Fitzelchen der Platte in ein Geldstück verwandelt hat.
Die Geldstücke mit der Nadel aus der Modelliermasse stechen.
In eine Seite mit der Nadel das Pentagramm, in die andere Zahlenwerte ritzen.
Die Münzen im Backofen aushärten lassen und je nach Wertigkeit mit Gold, Silber oder Bronze bemalen.

Donnerstag – Jupitertag

Donnerstag ist der Tag des Jupiter. An diesem Tag regiert das Glück. Also setzen wir heute auf Glücksspiele und höhere Klassen auf Orakelstunden. Zur Einführung soll ein einfaches Würfelspiel jedoch genügen!

Glücksspiel

Ab 1. Klasse (ab 4 Jahren)
Material: 3 Dreierwürfel, Streichhölzer

Alle SpielerInnen bekommen drei Streichhölzer. Gewürfelt wird reihum.
- Wer die Eins würfelt, gibt seinem Nachbarn zur Linken ein Hölzchen.
- Wer eine Zwei würfelt, gibt seinem Nachbarn zur Rechten ein Hölzchen.
- Wer eine Drei würfelt, legt ein Hölzchen in die Mitte.

Sind alle Hölzchen in der Mitte gelandet, würfeln alle reihum weiter, bis eine Drei kommt. Wer die letzte Drei würfelt, nimmt sich die Streichhölzer aus der Mitte und hat gewonnen!

Freitag – Venustag

Freitag ist der Tag der Venus, der Tag der Liebe und Versöhnung und Familie.

Die SchülerInnen verabreden sich mit ihren FreundInnen zum Teetrinken, Spielen, Kino und so weiter.

Samstag – Tag des Saturn

Samstag ist der Tag des Saturn, der ideale Tag, um alles aufzuräumen.

Am Samstag findet kein Unterricht in magischen Künsten statt. Alle Zauberlehrlinge und Junghexen müssen aufräumen, kehren und putzen!

Sonntag – Sonnentag

Am Sonntag sind die SchülerInnen zu Hause bei ihrer Familie.
Wie die Löwen schlafen sie lange aus, räkeln sich faul, bis sie etwas zu Essen fangen, dann legen sie sich in Rudeln wieder an den Fuß eines Baumes oder auf ein Felsplateau und genießen die wärmenden Strahlen der Sonne. Mehr machen die Magier Sonntags nicht!

Die 12 Tierkreiszeichen

12 der bekanntesten Sternbilder bilden den Tierkreis. Die Tierkreiszeichen haben ihren Ursprung in den ägyptischen Hieroglyphen und den Symbolsystemen von Babylonien und Persien. Die Himmelskonstellationen wurden mit verschiedenen symbolischen Figuren gleichgesetzt. Astrologen behaupten noch heute, dass das Sternbild, in welchem die Sonne zur Stunde der Geburt steht, Schlüsse auf die Persönlichkeit eines Menschen zulässt.

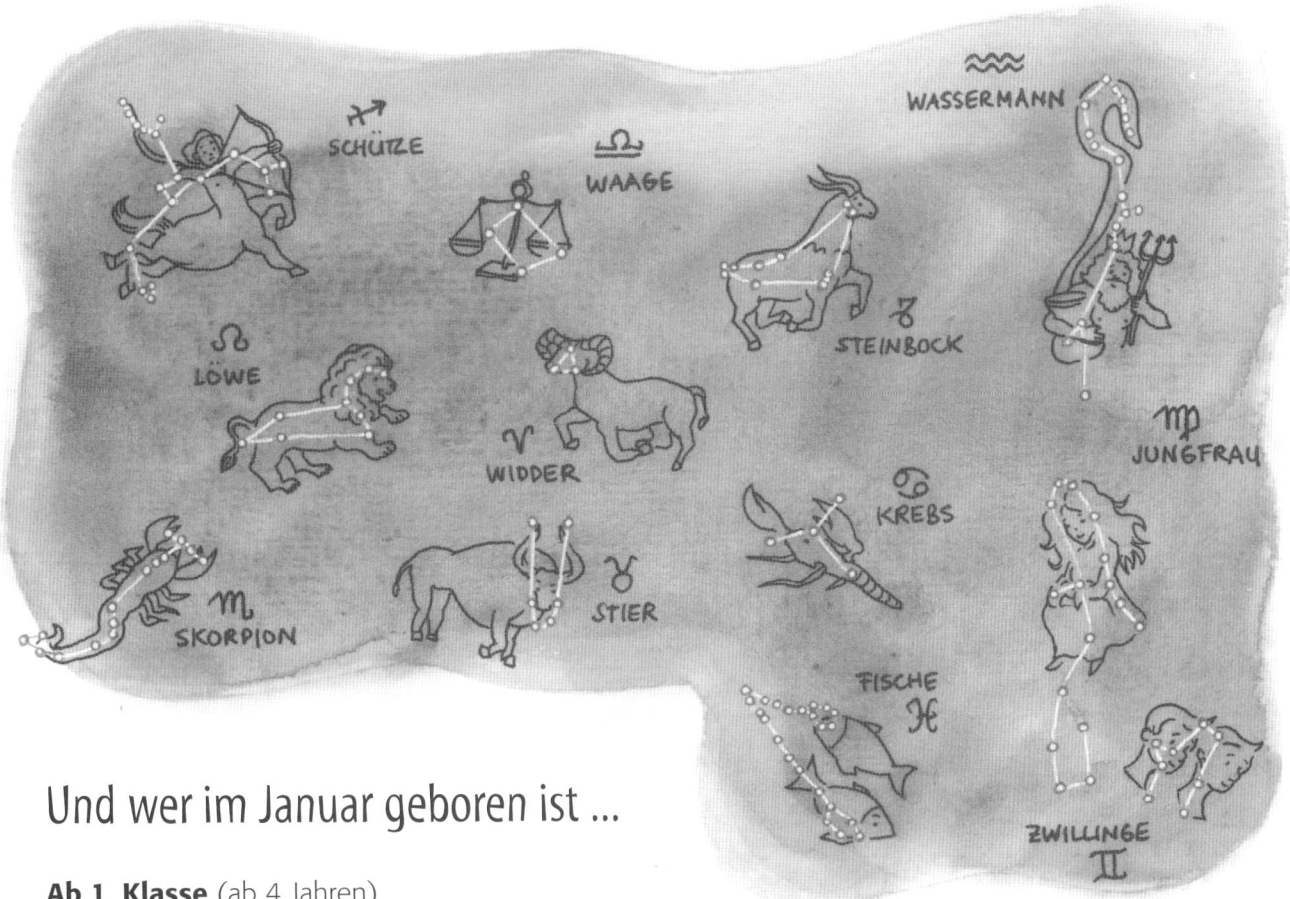

Und wer im Januar geboren ist ...

Ab 1. Klasse (ab 4 Jahren)

Alle stehen im magischen Kreis und singen das bekannte Lied mit verändertem Liedtext:

Und wer im Januar geboren ist,
tritt ein, tritt ein, tritt ein.
Er stellt sich dann in unseren Kreis
und fragt uns, wie sein Sternzeichen heißt:

Alle, die im jeweiligen Monat geboren sind, treten jeweils in die Kreismitte und die anderen raten/ rufen das Sternzeichen.
Es gibt immer zwei Möglichkeiten!

Januar	Steinbock / Wassermann
Februar	Wassermann / Fisch
März	Fisch / Widder
April	Widder / Stier
Mai	Stier / Zwilling
Juni	Zwilling / Krebs
Juli	Krebs / Löwe
August	Löwe / Jungfrau
September	Jungfrau / Waage
Oktober	Waage / Skorpion
November	Skorpion / Schütze
Dezember	Schütze / Steinbock

Die Sternzeichen

Widder: 21. März bis 20. April

Menschen, die im Sternzeichen des Widders geboren wurden, sollen voller Ideen und Begeisterung stecken. Mit ausgeprägter Willenskraft, so heißt es, machen sie sich beschwingt und mit großem Unternehmungsgeist ans Werk. Voller Leidenschaft setzen sie ihre Pläne in die Tat um. Manchmal sind die Widdergeborenen ein bisschen ungeduldig und manchmal sind sie dann in ihrem Tatendrang ein wenig zu voreilig.

Ihnen wird das Element Feuer zugeordnet, der Planet Mars und damit verbunden der Dienstag, das Eisen und als Mineral der Jaspis rot und der Rubin.

Stier: 21. April bis 21. Mai

Wer im Sternzeichen des Stiers geboren ist, dem sagt man nach, dass er beständig seine Ziele verfolgt, sehr zuverlässig ist, dass er eine freundliche Grundhaltung hat und einen großen Freundeskreis. Doch wehe, wenn er erbost ist! Dann wird er wirklich wütend! Zugeordnet sind diesem Sternzeichen das Element Erde, der Planet Venus und damit der Freitag, das Kupfer, an Mineralien: Rosenquarz und Aventurin.

Zwilling 22. Mai bis 21. Juni

Zwillingsmenschen gelten als sehr vielseitig in ihren Interessen und Geschmacksrichtungen. Sie sind schlau und erfindungsreich, sehr umtriebig bis ruhelos. Zwillingsgeborene gelten als merkurbestimmt. Sie sind gut in Schule und Wissenschaften und auch künstlerisch begabt. Ihnen zugeordnet sind das Element Luft, der Planet Merkur, der Mittwoch, das Quecksilber, an Mineralien der Chalcedon.

Krebs: 22. Juni bis 23. Juli

Krebsgeborene sind sehr gefühlsbetonte Menschen. Sie gelten als praktisch und sind oft schöpferisch tätig. Sie haben eine große Ausdauer. Zugeordnet sind ihnen der Planet Mond, das Element Wasser, der Montag, das Silber und der Mondstein.

Löwe: 24. Juli bis 23. August

Der Löwe war immer mit dem Hochsommer verbunden, es wurde ihm ein heißes Wesen zugeschrieben. Weil der Löwe auch König der Tiere genannt wurde, wurde dem Löwen im Tierkreis eine königliche Natur zugeschrieben. So hält man Löwengeborene für tapfer, großzügig, manchmal etwas selbstherrlich. Ihnen wird zugeordnet: Planet Sonne, Element Feuer, der Sonntag, das Gold und das Tigerauge.

Jungfrau: 24. August bis 23. September

Den im Sternzeichen Jungfrau Geborenen schrieb man in früheren Zeiten Taktgefühl, Intuition, Geschicklichkeit und musikalische Fähigkeiten zu. Auf Grund ihres weiblichen Zeichens wurden ihnen später auch weibliche Eigenschaften wie Ordnungssinn, hingebungsvolles Wesen und übermäßige Befassung mit Details nachgesagt. Ihnen zugeordnet sind der Planet Merkur, der Mittwoch, das Element Erde, das Quecksilber und der Karneol.

Waage: 24. September bis 23. Oktober

Waagemenschen sagt man ein künstlerisches Gefühl nach, sie sehnen sich nach Schönheit und haben meist eine menschenfreundliche Anziehungskraft. Aber man hält sie auch für eifersüchtig, ungeduldig, plötzlichen heftigen Gefühlsschwankungen unterworfen. Ihnen wird zugeordnet: Der Planet Venus, der Freitag, das Element Luft, Kupfer und Edelserpentin.

Skorpion: 24. Oktober bis 22. November

Die Skorpiongeborenen sind kühn, mutig und entschlussfreudig. Wen der Skorpion einmal ins Herz geschlossen hat, dem bleibt er treu. Skorpione haben einen ausgeprägten Familiensinn. Sie gelten als träge, sie können jedoch schnell und wirkungsvoll agieren, wenn sie gereizt werden. Ihnen wird der Planet Mars zugeordnet, der Dienstag, das Element Wasser, das Eisen und der Schneeflockenobsidian.

Schütze: 23. November bis 21. Dezember
Von Schützegeborenen heißt es, dass sie wie göttliche Jäger hohe Ziele anstreben, sie verwirklichen und auf ihre Leistung stolz sind. Manchmal gelten sie auch als ein wenig eitel. Sie sind schlau, schnell und energiegeladen, unabhängig und manchmal auch kämpferisch. Sie lieben die Künste und Wissenschaften. Ihr Planet ist der Jupiter, der Donnerstag, das Element Feuer, Zinn und Sodalith.

Steinbock: 22. Dezember bis 20. Januar
Steinbockgeborene sind stark auf sich konzentriert. Sie sind fleißig und ausdauernd. Sie verfügen über einen großen Wirklichkeitssinn. Sie verfolgen ein Ziel mit viel Geduld. Manchmal sind sie ein wenig zu ernst. Ihnen zugeordnet sind: Planet Saturn, der Samstag, das Element Erde, Blei und Onyx.

Wassermann: 21. Januar bis 19. Februar
Wassermanngeborene lieben ihre Freiheit. Sie besitzen einen großen Erfindergeist. Sie haben eine gute Beobachtungsgabe. Sie können sich gut anpassen und sind sehr gesellig. Außerdem sind sie hilfsbereit. Ihnen zugeordnet sind: der Planet Saturn (oder Uranus), der Samstag, das Element Luft, Blei und Fluorid.

Fische: 20. Februar bis 20. März
Von Fischegeborenen heißt es, dass sie freundlich und zuverlässig in Bezug auf geliebte Menschen sind. Es sind geduldige, auch sehr gemütliche Menschen. Sie gelten als zurückhaltend. Zu ihnen gehören: Planet Jupiter, der Donnerstag, das Element Wasser, Zinn und Amethyst.
Symbol Sternzeichen

Wer hat welches Sternzeichen?

Ab 2. Klasse (ab 6 Jahren)

Alle Zauberlehrlinge und Junghexen versammeln sich im „magischen Kreis".
Die Spielleitung liest ohne das Sternzeichen zu nennen, die Eigenschaften vor. Die Kinder überlegen für sich und gemeinsam, auf wen das zutreffen könnte – erst dann wird gesagt und erklärt, welches Sternzeichen gemeint ist. – Vielleicht gibt's ja Treffer!

Eintrag ins Zauberbuch

Sind die Junghexen und Zauberer in das Studium der Astrologie eingestiegen, füllen sie ihr Zauberbuch mit ihren ganz persönlichen, astrologischen Erkenntnissen.

Ab 2. Klasse (ab 6 Jahren)
Material: Stifte, Zauberbuch, Geheimkästchen ...

Die SchülerInnen der Schule für magische Künste gestalten ihre ganz persönlichen Seiten im Zauberbuch und ergänzen ihre magischen Sieben Sachen:
● Sie zeichnen in ihr Buch ihr ganz persönliches Sternzeichen.
● Sie malen ein Bild von ihrem Planeten.
● Sie zeichnen das Symbol ihres Sternzeichens ihres Planeten dazu ...
Vielleicht findet sich ja das eine oder andere Stück, um die magischen Sieben Sachen zu ergänzen: ein passender Edelstein für die Mineraliensammlung, vielleicht ein passendes Metall, vielleicht ein Sternbild von der Geburtstagsnacht, vielleicht ...

Symbole der Elemente

Auch im Fach Elementenkunde lernen die SchülerInnen für magische Künste natürlich viel mehr, als das, was ihnen anfänglich im Unterricht angeboten werden kann. Auch hier gilt wieder: Wer mehr wissen will, fragt, forscht und lernt mit und von den anderen weiter! So lernen die SchülerInnen erst einmal alle Naturphänomene kennen, die mit Erde, Feuer, Wasser, Luft in Verbindung stehen. Sie experimentieren am Wasser, nutzen die Kraft des Wassers, indem sie kleine Wasserräder bauen, nutzen die Kraft der Erde, wenn sie Dinge töpfern und im Ofen brennen, und lernen die Kraft des Windes kennen, wenn sie Drachen fliegen lassen oder mit einem Blasebalg dem Feuer in der Schmiede Luft zuführen ... Vor allem aber erfahren sie, wie die Elemente sich untereinander brauchen und wie alles ein wunderbarer Kreislauf ist.

Es gibt vier klassische Elemente, die wir sehen, riechen, schmecken, hören und fühlen können: Das sind Erde, Feuer, Wasser, Luft! Diese Elemente finden wir in unserem Körper auch wieder. Das

Feuer als Lebensfunke, die Lebensenergie, unser Organismus funktioniert mit Verbrennung in den Zellen. Ein Großteil unseres Körpers besteht aus Wasser! Die Luft brauchen wir zum Atmen. Und schließlich die Erde, die materielle Hülle unseres Körpers. Ihr sagt, da fehlt noch etwas, was den Menschen ausmacht: der Geist! Genau das ist das fünfte Element, der Äther oder die quinta essentia, die man sich als Himmelsbaustoff dachte.

Die vier nach Empedokles unveränderlich angesehenen Elemente Feuer, Erde, Wasser, Luft sah Aristoteles als in einander umwandelbar an. Dies war die Grundlage für die spätere Alchemie (alchimistische Transmutationslehre), die davon ausging, dass ein Stoff in einen anderen überführt werden kann. So versuchten viele Alchemisten vergeblich aus unedlen Metallen Gold herzustellen. Dennoch hat die Lehre der Alchemie zu vielen neuen Erkenntnissen geführt, die Bedeutung für die Wissenschaft der modernen Chemie schafften.

Symbolik der fünf Elemente – Pentagramm

Element Erde
Aus der Erde entsteht alles Leben. In allen Kulturen wurde die Erde früher als Muttergöttin verehrt.
Die Erde steht für materielles Sein, für Beständigkeit. Ihr werden die Sternzeichen Stier, Jungfrau und Steinbock zugeordnet.

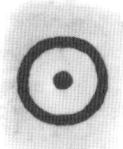
Element Luft
Die Luft braucht der Mensch zum Atmen. Die Luft spielt die wichtigste Rolle für den Menschen, obwohl wir sie nicht sehen, hören und meist nicht riechen können. Das Element Luft symbolisiert Klarheit, geistiges Sein, Inspiration, Einsicht, Lebendigkeit.
Ihr werden die Sternzeichen Zwilling, Waage, Wassermann zugeordnet.

Element Feuer
Das Feuer – der griechischen Sage nach von Prometheus den Göttern geraubt – kenn zeichnet die Sonderstellung des Menschen innerhalb der Schöpfung: Nur der Mensch kann mit dem Feuer umgehen. Das Feuer, ein auf der einen Seite verzehrendes, zerstörerisches Element, ist, wenn es gezähmt ist, dem Menschen ein williger Diener. Es spendet uns Licht und Wärme und macht unser Essen bekömmlicher und vielseitiger. Das Herdfeuer war den Menschen in vielen Kulturen heilig. Schütze, Löwe, Widder sind Vertreter des feurigen Elementes.

Element Wasser
Dem Element Wasser wohnt eine heilende Kraft inne, man denke nur an Heilbäder. Außerdem steht das Wasser für Gefühl. Im Element Wasser bewegen sich Skorpion, Krebs und Fisch.

Das fünfte Element
Die alten Griechen sagten, dass aus dem Äther die „astralen" Körper himmlischer Wesen geschaffen waren. Ihm sind höchstens Engel, Elfen und Feen zugeordnet.

Das Pentagramm
Das Pentagramm (Fünfstern) ist das stärkste Schutzzeichen für Zauberer und Hexen, es symbolisiert die vier Elemente, Feuer, Erde, Wasser, Luft und das fünfte Element, den Geist oder Äther. Gemeinsam symbolisieren die fünf Elemente den Menschen.

Pentagrammrätsel

Welche bekannten Früchte behüten in ihrer Mitte ein Pentagramm?
Es sind die Früchte Avalons, die auch als paradiesisch bezeichnet werden.
Tipp: Ihr erkennt das Pentagramm, wenn ihr die Frucht mal anders als gewöhnlich aufschneidet!

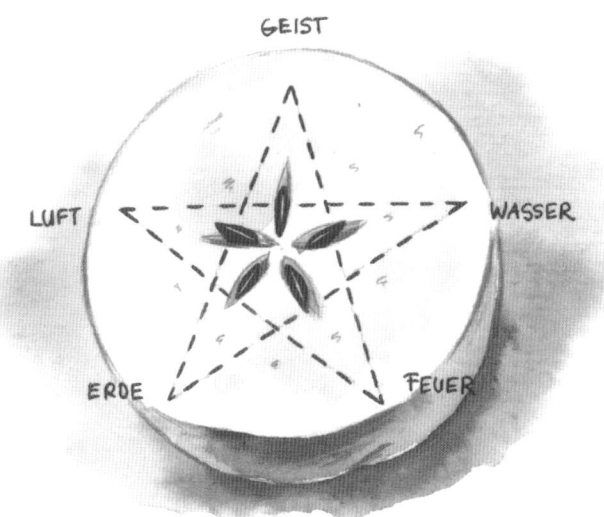

Pentagramm falten

Mit nur einem Schnitt lässt sich aus einem einfachen Bogen Papier ein Pentagramm hervorzaubern!

Ab 2. Klasse (ab 6 Jahren)
Material: 1 Blatt Papier (DIN A5), Schere

Das Papier der Länge nach in der Mitte falten.
Vom unteren mittleren Punkt der Faltkante zur oberen rechten Ecke falten.
Die linke Ecke gleich falten.
Den rechten Teil an die Mitte falten.
Und noch mal bis zur äußeren Kante weiterfalten.
Schräg nach oben bis zur überlappend gefalteten Ecke schneiden.
Nun das Pentagramm entfalten.

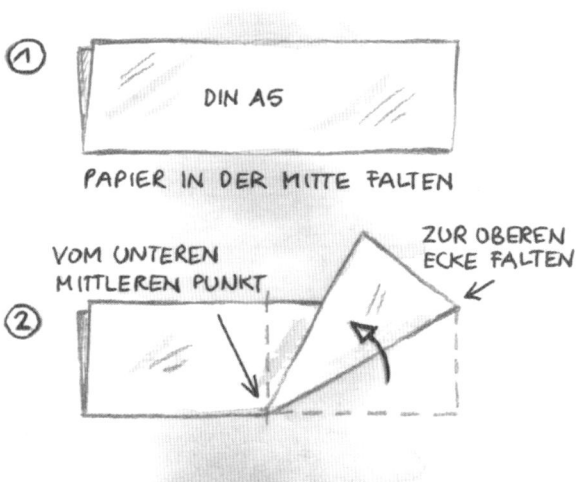

① DIN A5

PAPIER IN DER MITTE FALTEN

② VOM UNTEREN MITTLEREN PUNKT — ZUR OBEREN ECKE FALTEN

③ DIE LINKE SEITE GLEICH FALTEN

④ DEN RECHTEN TEIL ÜBER DIE MITTE FALTEN

⑤ BIS ZUR KANTE WEITER FALTEN — UND SCHNEIDEN — 2,5 CM

Pentagrammzauber

Dass das Pentagramm wirklich Zauberkraft besitzen muss, zeigt sich den SchülerInnen bei folgendem Experiment ...

Ab 3. Klasse (ab 8 Jahren)
Material: 10 Zahnstocher

Die Zahnstocher an einem Ende abknipsen und immer paarweise in fünf Strahlen auf einen flachen Teller legen, sodass in der Mitte des Strahlensterns ein kleiner Platz frei bleibt. Mit dem Zeigefinger einen Tropfen Wasser genau auf die Mitte fallen lassen. Langsam entfalten sich die fünf Strahlen zu einem Pentagramm ...

Eintrag ins Zauberbuch

Ab 2. Klasse (ab 6 Jahren)
Material: Zauberbuch und Buntstifte

Zauberlehrlinge und Junghexen tragen ihr persönliches Elementen-Symbol in ihr Zauberbuch ein. Wer will, kann entsprechend seines Elementes ein Feuerbild, Wasserbild, Luftbild oder Erdbild malen. Immer mit dabei ist ein Engelwesen des fünften Elementes. Außerdem zeichnen sie das Pentagramm in ihr Buch.

⑥

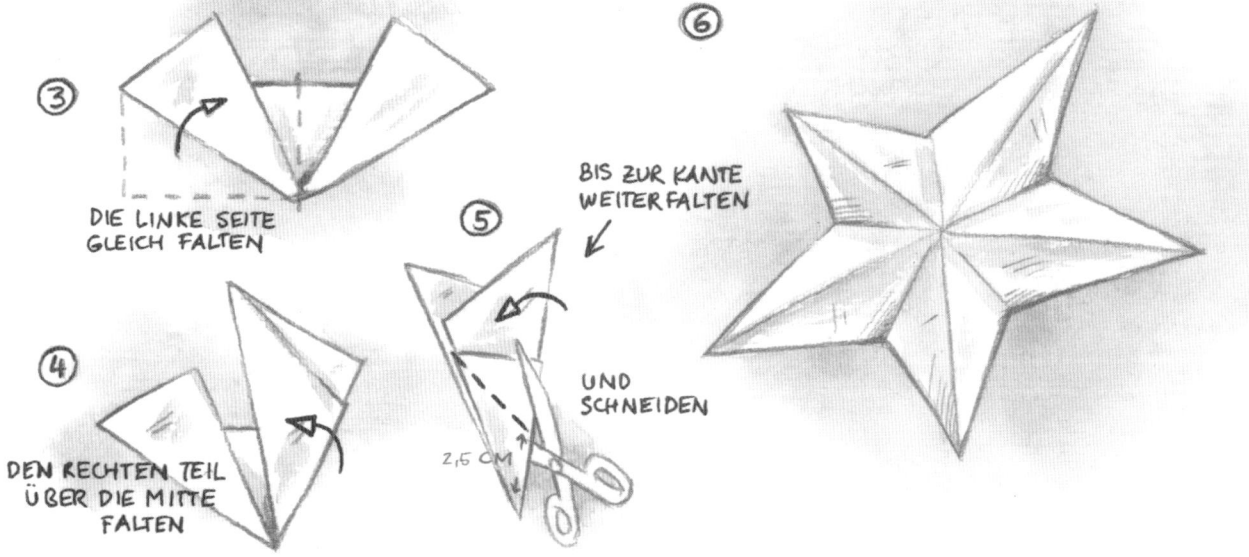

Symbole der Alchemie

Alchemie kommt aus dem arabischen „al" (= die) und dem ägyptischen Wort „chemi" (= schwarz). Sie ist eine mit naturwissenschaftlichen Erfahrungen durchsetzte, symbolhafte Wissenschaft des Mittelalters, aus der sich durch Vermehrung experimentellen Wissens die heutige Chemie entwickelt hat. Die Alchemie geht auf die alten Ägypter zurück, wurde von den Arabern übernommen. Von diesen hauptsächlich lernte das Abendland die Alchemie kennen.

Im Mittelpunkt der Alchemie stand die Umwandlung aller Stoffe ineinander, die auf der Vorstellung von drei Grundstoffen (Salz, Schwefel und Quecksilber) beruhte, aus denen alle irdischen Dinge durch Mischung entstanden seien. Diese Umwandlung, glaubte man, sei durch den Stein der Weisen und das Universallösungsmittel „Alkahest"

erreichen zu können. Die Erneuerung der Alchemie durch Paracelsus (1494–1541) und andere leitete über zur wissenschaftlichen Chemie. Paracelsus war praktizierender Alchemist und Magier. Zwar lehnte er die Zauberei um ihrer selbst Willen ab, er schätzte jedoch die Heilkraft von Kräutern und Mineralien und vertrat moderne ganzheitliche Ansichten, wie Körper und Geist zusammenwirken.

In der Alchemie wurden die Metalle den Planeten zugeordnet: Silber (Mond), Eisen (Mars), Quecksilber (Merkur), Zinn (Jupiter), Kupfer (Venus), Blei (Saturn), Gold (Sonne). Entsprechend stehen die Symbole der jeweiligen Planeten auch für die Metalle.

Der magische Einfluss der Metalle

Eisen

wurde erst verhältnismäßig spät vom Menschen für sich entdeckt. Die Eisengewinnung bedeutete einen gewaltigen Fortschritt, weil daraus Waffen und Werkzeuge mit großer Haltbarkeit geschmiedet werden konnten.

Eisen ist dem Mars zugeordnet, er repräsentiert die menschlichen Willenskräfte.

Eisen ist wichtig für unseren Körper. Der größte Eisenspender ist die Leber. Hier sitzt auch nach alter Überlieferung der Wille. Bei Eisenmangel kommt es zu Blutarmut und unser Tatendrang geht zurück. Wer sich schlapp fühlt, sollte Brennnesseltee trinken, der viel Eisen enthält!

Allen, die im Zeichen des Mars geboren sind, ist dieses Metall zugeordnet: Widder und Skorpion.

Gold

gehört neben Kupfer zu den ältesten von Menschen verwendeten Metallen. In der Antike und im Mittelalter galt es als lebensverlängerndes Mittel. Aber auch in Indien kannte man ein goldhaltiges Lebenselixier. Paracelsus verwendete es als Herzmittel.

Gold ist der Sonne zugeordnet. Es repräsentiert die Ich-Kräfte des Menschen. Treu wie Gold, goldenes Herz, die goldene Jugend sind Redewendungen, in der tiefe Weisheit in unserer Sprache auftaucht. Nicht von ungefähr sind Eheringe aus Gold und das Herz ist die Sonne im Menschen. Da dieses Metall von der Sonne regiert wird, verwendet man es zur Herstellung von Amuletten, die Ruhm, Glück und Wohlstand bringen sollen. Außerdem verheißt es seinem Träger ein langes Leben. Allen Sonnengeborenen ist Gold zugeordnet: Löwe.

Kupfer

wird als das erste Gebrauchsmaterial der Menschheit angesehen. Es ist dem Planeten Venus zugeordnet. Die körperliche Entsprechung ist die Haut. Ein kupfernes Amulett soll böse Geister vertreiben und vor bösem Zauber schützen. Die passenden Sternzeichen: Stier und Waage.

Silber

zu einem Amulett verarbeitet, soll vor dem „bösen Blick" schützen, nach altem Volksglauben die Fähigkeit bestimmter Menschen, durch bloßes Ansehen Schaden zuzufügen. Das dem Mond geweihte Metall wurde von Elfen, Feen und allen, die die Magie ausüben, bevorzugt. Sternzeichen: Krebs.

Quecksilber

gilt in der Alchemie als eines der „philosophischen" Elemente und Weltprinzipien, es repräsentiert das Flüchtige. Der passende Planet ist Merkur, das Sternzeichen Jungfrau.

Zinn

wird in der Alchemie als Metall dem Jupiter gleichgesetzt, als Vermittler zwischen Hitze und Kälte, zwischen Mars (Eisen) und Saturn (Blei). Es steht für die Sternbilder Schütze und Fisch.

Blei

ist wegen seines hohen spezifischen Gewichtes Symbol der Schwere oder auch drückender Last. In der Alchemie ist das Blei mit dem Saturn identisch, dazu gehören die Sternbilder Steinbock und Wassermann.

Symbolkunst

Haben die Junghexen und Zauberlehrlinge im Fach Symbolkunde die magischen Symbole und ihre Bedeutung kennen gelernt, kommen ihnen bestimmt viele Ideen in den Sinn, wie sie diese für ihre magischen Zwecke auch künstlerisch einsetzen können. Nur eines sollten die SchülerInnen unbedingt beachten: Die magischen Symbole dürfen sie nur dann verwenden, wenn ihnen die Bedeutung bekannt ist! Wer etwas nicht (mehr) weiß, geht los und forscht eben erst (noch) einmal nach ...

Mit Symbolen gestalten

Ab 2. Klasse (ab 6 Jahren)
Material: je nach Bedarf Stifte, Farben, Papier, Goldstift, Stoff ...

Kennen die SchülerInnen genügend magische Symbole, um sich davon die entsprechenden für ihr Sternzeichen, ihr Element, ihren Planeten auszuwählen, können sie damit ihre persönlichen Dinge wie Spiegel, Zauberkästchen, Stäbe, Zauberbücher ... – eben die ganzen magischen Sieben Sachen (s. S. 10 ff) – individuell gestalten.

Praktische Anwendung der Magie – Zauberkunst

Nachdem nun Zauberlehrlinge und Junghexen die ersten Grundlagen der Magie kennen gelernt und nach persönlichen Interessen im individuellen Studium mehr oder weniger vertieft haben, geht es ran ans Zaubern!

Wer natürlich glaubt, auf „Drei" Gegenstände zum Schweben zu bringen, Dinge aus dem Nichts hervorzaubern und Wünsche ohne Anstrengung erfüllen zu können, der hat sich gründlich geirrt und noch nicht verstanden, dass alle Mysterien der Welt magisch zusammenhängen und die irdischen Mühen zum Gelingen einer Sache eben auch notwendig sind.

Allerdings können Zauberlehrlinge und Junghexen Ansätze der Zauberei von hilfreichen Sprüchen, Zaubertränken, zum Schutze, zur Illusion und reinen Unterhaltung und als Versuch zum Wahrsagen kennen lernen.

Dennoch sei gleich vorweg gesagt: Prognosen sind meist unzuverlässig, vor allem wenn sie die Zukunft betreffen ...

Wortmagie – Zaubersprüche

Es gibt ganz verschiedene Arten von Zaubersprüchen. In den alten Religionen der Naturvölker war es üblich, alle Himmelsrichtungen (Nord, Süd, Ost, West) und die Elemente (Feuer, Erde, Wasser, Luft) anzurufen. Eine Vorgehensweise war es auch, die Elementargeister wie Zwerge, Elfen und Wassermänner um Hilfe zu bitten oder die alten Götter der Antike um Unterstützung anzurufen.

Die Zaubersprüche, die uns erhalten geblieben sind, deuten meist auf alte Götter hin:
„Abrakadabra" ist wohl ein magisches Wort aus dem antiken Buchstabenzauber. Es soll aus biblischer Zeit stammen und so viel bedeuten wie „Hinfort". Das Wort „Abraxas" soll ein göttlicher Geheimname sein. Die Herkunft liegt im Dunkeln, es soll sich aber um die Anfangsbuchstaben hebräischer Gottesnamen handeln.
„Simsalabim" geht wahrscheinlich auf das arabische Bismillahirrdmanirrahim zurück, was so viel bedeutet wie „Alles sei im Namen Gottes begonnen!"

„Hokuspokus" ist ein für Taschenspielerei und so genannte Salonmagie sprichwörtliches Zauberwort, über dessen Herkunft ebenfalls keine Klarheit herrscht. Vielleicht ist es eine Verstümmelung des alten Zauberspruches: „Hax Pax Max Deus Adimax". Dahinter wiederum könnte eine Verballhornung von „occhio-e-bocca" (italienisch: Augen und Mund) im Sinne von „Sperrt Augen und Mund auf, staunt!" sein. Es ist das erste Mal in Erscheinung getreten auf einem Buchtitel aus dem 17. Jahrhundert über so genannte Salonmagie.

Besonders fällt auf, dass so genannte lautmalerische Anagramme als Anfang eines Zauberspruches genommen werden. Das hängt sicher damit zusammen, dass die alten Sprüche über die Jahrtausende immer kürzer und verstümmelter wurden, weil ja niemand mehr ihren Sinn verstand. Außerdem fällt auf, dass die alten Abzählreime aus der Kinderzeit ganz ähnlich klingen: „Ene mene muh und raus bist du!" Vielleicht ist das ein Hinweis darauf, dass viel Magie im Kinderspiel erhalten geblieben ist.

Drei goldene Regeln für die Anwendung von Zaubersprüchen

- Erst die eigene Kraft eines Zauberlehrlings oder einer Junghexe macht einen Zauberspruch wirksam. Das verlangt von jedem vollen Einsatz und höchste Konzentration, denn alles, was die SchülerInnen für magische Künste während eines Zauberspruches tun, hat mit Energie und Kraft der Gedanken zu tun.
- Zaubersprüche sollen immer reine, gute Absichten haben. Eine alte Hexenweisheit besagt: Alles was du im Zauberspruch wünschst, kommt siebenfach auf dich zurück. Wer also Schlechtes im Schilde führt, bekommt es siebenfach zu spüren!!!
- Zaubersprüche sollen eindeutig und präzise bei der Formulierung des Wunsches sein, sonst können sie nicht in Erfüllung gehen. Außerdem wirken sie nur, wenn sich der Mensch auch danach verhält. Wer sich im Zauberspruch etwas wünscht, sich aber selbst nicht danach richtet, wird Pech haben!

Bekannte Zaubersprüche

Ab 1. Klasse (ab 4 Jahren)

Alle Zauberlehrlinge und Junghexen überlegen sich erst mal, welche Zaubersprüche sie selbst kennen und fassen sie zusammen:

Hokos Pokus fidibus!
Dreimal schwarzer Kater!

oder

„Simsalabim"

oder

„Abrakadabra"

oder

„Eins, zwei, drei –
flieg los, Kartoffelbrei!"

Gibt es noch mehr?

Zaubersprüche selbst gemacht

Ab 2. Klasse (ab 6 Jahren)

Zuerst einmal überlegen sich Zauberlehrlinge und Junghexen, welche Wörter sich wie Zauberwörter anhören. Beispiele zur Einstimmung:

„Humbatabumba!"
(wahrscheinlich eher ein Zauberwort aus dem Lande der Trommeln)

„Arikanari"
(deutet eher auf die kanarische Inseln hin)

„HEX MEX IN TEX MEX"
(hier gehen Etymologen von Mittelamerika als Ursprungskontinent aus)

Na, der Beispiele gäbe es noch viele, aber Junghexen und Zauberlehrlinge sollen ja selbst aktiv werden!
Sind solche Zauberwörter gefunden, einigt sich die Gruppe auf die Besten, die am pfiffigsten klingen und sortiert sie in verschiedene Sparten von möglichen Wünschen und ergänzt sie in Verse:

„Humbatabumba!"
hört jetzt auf die Trommeln!
Zauberer und Hexen in den Kreis jetzt kommen!

„Arikanari"
wie leichtes Flügelschwingen
Arikanari
Ein Zauberlied wir singen!

„HEX MEX IN TEX MEX"
so hext jede Hexe

„Rauberkadauber"
das ist auch ein Zauber!

Zaubersprüche toppen

Ab 3. Klasse (ab 8 Jahren)

Tja, SchülerInnen für magische Künste lieben es, wenn sie nach einem gewissen Grundstudium in kleinen Dreiergrüppchen gegeneinander im sportlichen Wettkampf antreten und „Zaubersprüche toppen". Dies ist eine absolut vergnügliche, gesellige Angelegenheit, bei der das Gesamtpublikum den besten Spruch des Tages herausklatscht! Außerdem verfügt jede Schule für magische Künste so immer wieder über die neuesten und coolsten Zaubersprüche. Na ja, das geht sogar so weit, dass verschiedene Zauberschulen dann in einem großen Festival gegeneinander antreten ...

Das Zauberseil

In der so genannten Knotenmagie werden zu jedem Zauberspruch Knoten in ein Seil geknüpft, so soll sich der Zauber besser halten. Daher kommt auch der Brauch, sich einen Knoten ins Taschentuch zu machen, damit man etwas nicht vergisst.

Ab 4. Klasse (ab 10 Jahren)
Material: dickes Wollgarn, kleine fantasieanregende Gegenstände (Federn, Lochsteine, Muscheln, kleine Tierfigürchen ...)

Vorbereitung: Die kleinen Gegenstände im Abstand von ca. drei Metern in das Wollgarn knüpfen und das Wollknäuel gleich verkehrt herum wieder aufwickeln.

Die SchülerInnen für magische Künste sitzen im magischen Kreis. Jemand beginnt mit dem ersten Gegenstand, eine Geschichte zu erzählen. Er behält diesen Gegenstand in der Hand und gibt das Wollknäuel an jemandem aus dem Kreis weiter: Dieser nimmt den folgenden Gegenstand aus dem Wollknäuel in die Hand, spinnt die Story fort und fügt diesen Gegenstand in die Erzählung mit ein. Kreuz und quer im magischen Kreis wird so gemeinsam eine zauberhafte Geschichte „gesponnen".

Magische Elixiere, Düfte, Bäder – Zaubermixturen

Die Herstellung von Zaubermixturen wie magischer Elixiere, Düfte und Bäder hat viel mit Zauberei zu tun. Verzaubern sie doch die Sinne mit ihrer wohltuenden Wirkung auf Körper und Geist.

Haben die Junghexen und Zauberlehrlinge das Fach magische Kräuterkunde (s. S. 48 ff) studiert, die Kräuter vielleicht selbst herangezogen und fachgerecht getrocknet, kann es losgehen in der Hexen- oder Zauberküche.

Jetzt heißt es ausprobieren, kombinieren, zerstoßen, mixen, rühren ... Alles, was im Kräutergarten geerntet wird, findet seine Verwendung für verschiedenste Mischungen: sie werden als Tees zubereitet, in Bäder gegeben, zur Verbesserung der Atmosphäre zur Verdunstung gebracht oder entfalten in besonderen Elixieren ihre Heilwirkung.

Verwendung magischer Kräuter

Durch Reiben und durch die Wärme unserer Haut entweichen getrockneten Kräutern ätherische Öle, die eine milde Wirkung auf unser Wohlbefinden auslösen.

Kräuterkissen

Oft hat schon ein einfaches Kissen einen magischen Reiz (z. B. als geliebtes Schmusekissen). Wird ein solches Kissen zusätzlich mit einer Auswahl an Kräutern, Blüten oder getrockneten Schalen bestückt, lässt es einen träumen, gut schlafen oder ...

Ab 1. Klasse (ab 4 Jahren)
Material: Kissen mit weicher Füllung (Federn oder Füllwatte), Kissenbezug mit Reißverschluss, getrocknete Kräuter, Blüten und/oder Schalen, evtl. ätherische Öle

Über ein fertiges Kissen mit weicher Füllung eine zweite Kissenhülle ziehen. Zwischen Kissen und Hülle die gewählten Kräuter, Blüten oder Schalen füllen und evtl. mit etwas Duftöl beträufeln.
Ist die Herstellung der Kissen immer gleich, so ändert sich je nach Kombination und Mischung dessen Wirkung. Hier heißt es sich über die Wirkungen der Kräuter informieren (s. S. 48 ff) und dann einfach mal ausprobieren!

Als Anregung zwei erprobte und für gut befundene Mischungen:

Traumkissen

Duftfüllung:
40 g getrocknete Orangenschale
40 g Lavendelblüten
20 g getrocknete Rosenblüten
3 Tropfen Lavendelöl

Schlafkissen

Duftfüllung:
40 g getrocknete Zitronenmelisse (aus dem heimischen Garten, Wirkung: harmonisierend, stärkend, schützend, beruhigend)
40 g Lavendelblüten
3 Tropfen Lavendelöl
3 Tropfen Melisseöl

Duftsäckchen

Duftsäckchen haben den Vorteil, dass sie nicht so groß wie Kissen sind, und so an jedem Hexenrock oder in jeder Zaubererjackentasche einen Platz finden!

Material: Baumwollstoff (Reste), getrocknete Kräuter, Blüten und/oder Schalen, Nähmaschine, Kordel

Mit der Nähmaschine kleine Säckchen (ca.10 x 15 cm) nähen. Mit getrockneten Kräutern, Blüten und/oder Schalen befüllen, evtl. mit ätherischem Öl beträufeln und mit der Kordel zusammenbinden.

Lavendelsäckchen

Duftfüllung pro Säckchen:
40 g Lavendelblüten (Lavendel wirkt beruhigend und aufbauend)
2 Tropfen Lavendelöl

Mittelalterlicher Briefzauber

Den Erfolg eines Liebes- oder Geschäftsbriefes förderte man seit alters her mithilfe der Kräuterkunde ...

Ab 3. Klasse (ab 8 Jahren)
Material: Briefbogen, Lavendel, karminrote Tinte, Schreibfeder (S. 36)

Wird ein Briefbogen mit duftendem Lavendel eingerieben und mit karminroter Tinte beschrieben, sollen sich alle im Brief geäußerten Wünsche erfüllen!

Gute Freunde

Ab 2. Klasse (ab 6 Jahren)
Material: Gewürznelken, winziges Baumwoll- oder Nelkensäckchen

Zwei Menschen können ihrer Freundschaft Bestand verleihen, wenn beide stets ein zugenähtes Säckchen mit Nelken bei sich tragen.

Taschengeldzauber

Dieser Zauber soll zu viel Geld verhelfen!

Ab 2. Klasse (ab 6 Jahren)
Material: Paper, Thymian, 1 Kästchen, grüne Schnur

Aus dem Papier Rechtecke so groß wie Geldscheine schneiden. Die Scheine jeweils mit Thymian bestreuen und in ein Kästchen legen.
Das Kästchen mit grüner Schnur und 331 (!) Knoten gut verschließen und 20 cm tief im Boden vergraben.
Gräbt der Besitzer/die Besitzerin das Kästchen nach genau einem Jahr wieder aus, soll sich das Papier in echtes Geld verwandelt haben!

Magische Kräutertees mit Kerzenmagie

Bei der Zubereitung magischer Kräutertees nutzen die SchülerInnen der Schule für magische Künste nicht nur ihr Wissen darüber, welche Kräuter für welches Anliegen geeignet sind (s. S. 48 ff), sondern auch ihre Erkenntnisse aus dem Fach „Farbmagie" (s. S. 63). Durch Kombination bestimmter Teemischungen mit Kerzen entsprechender Farben lässt sich nämlich die Wirkung der Kräuter im Tee verstärken. Die folgenden Beispiele sollen als Anregung dienen, mithilfe eigener Forschungen neue, auf die eigenen Bedürfnisse abgestimmte Teemixturen zu kreieren.

- Pfefferminze fördert die Gesundheit; eine gelbe Kerze verstärkt die Wirkung.
- Kamille soll der Liebe dienlich sein, eine rosafarbene Kerze unterstreicht die Wirkung.
- Salbei ist für ein langes Leben gut, eine weiße Kerze sorgt für die notwendige Reinheit.
- Auch Thymian fördert die Gesundheit, die gelbe Kerze unterstützt auch hier die Wirkung.
- Wer Wohlstand genießen möchte, dem tut Zimt gut. Besonders, wenn er in das Flackern einer grünen Kerze schaut.

Teestunde zu zweit oder im magischen Kreis

Zum Ausprobieren neuer Rezepte laden sich Junghexen wie Zauberlehrlinge FreundInnen zu einer entsprechenden Teestunde ein – eine wunderbare Montagsbeschäftigung!

Ab 3. Klasse (ab 8 Jahren)

Teezubereitung
Das Wasser zum Kochen bringen und mit ihm die gewählte Pflanze oder Kräutermischung überbrühen. Den Tee etwa fünf Minuten ziehen lassen und dann in aller Ruhe trinken.
Um die Wirkung zu verstärken, kann eine Kerze in entsprechender Farbe entzündet werden.

Langlebigkeitselixier

Zutaten: 1 Zimtstange oder ein Teelöffel gemahlener Zimt, 1 Prise Safran, 2 Teelöffel getrocknete Rosenblütenblätter
Zu dieser Mischung passt eine goldfarbene Kerze

Die Kerze entzünden. In einem Mörser alle Zutaten mit dem Stößel zu feinem Pulver zerstoßen. Die Mischung in eine Teekanne geben und mit kochendem Wasser übergießen.

Sonnenenergie-Kräutertee

Dieser Tee soll glückliche Zufälle anziehen. Seine Wirksamkeit erhält er durch die Kräuter und die Sonnenstrahlen, die sie durchtränken.

Ab 3. Klasse (ab 8 Jahren)
Zutaten: 2 EL Löwenzahn, 1 EL Ingwer,
1 TL Zimt, 1 EL Orangenfruchtfleisch,
1 EL Zitronenfruchtfleisch, 2 EL Fenchel
1 Glas mit Deckel, Quellwasser

Die Zutaten in ein Glas geben, mit Quellwasser auffüllen und 3 – 4 Stunden in die Sonne stellen, ihre Kraft überträgt sich auch auf den Tee.
Der Tee wird nicht mehr aufgebrüht, sondern sonnenwarm getrunken.

Magische Getränke aus der kalten Küche

Kalte magische Getränke werden auf der Basis von Fruchtsäften hergestellt. Diese magischen Getränke dürfen auch jüngere SchülerInnen zubereiten. Allein der Gebrauch der Kerzen ist nur unter Aufsicht des Lehrpersonals gestattet!

Ab 2. Klasse (ab 6 Jahren)

Alle gewählten Zutaten (s. u.) in einer Karaffe miteinander vermischen und einige Zeit stehen lassen, damit sich die Aromen entfalten können.
Die Kerze entzünden, die Gläser füllen und sich gemeinsam mit einem „Prosit" zuprosten. („Prosit" kommt aus dem Lateinischen von „proesse" und bedeutet in der Übersetzung: „Es möge nützen!")

Wohlstandselixier

Zutaten: 1 Gewürznelke, Fruchtfleisch einer Orange, 1 dünne Scheibe frischen Ingwers,
$1/4$ l Ananassaft, $1/4$ l Orangensaft, $1/4$ l Limettensaft, 10 ml Honig.
1 grüne Kerze

Gesundheitselixier

Zutaten: 3 frische Minzeblätter oder ein Teel. getrocknete Minze, $1/4$ l Apfelsaft, $1/4$ l Traubensaft 1 Prise Piment, 1 grüne Kerze

Liebestrank

Zutaten: $1/4$ l Aprikosensaft, $1/4$ l Himbeersaft, $1/4$ l Erdbeersaft, $1/4$ l Pfirsichnektar, 5 Tropfen Rosenwasser, 1 rosafarbene Kerze

Zaubertränke raten

Mit dieser Übung werden die Geschmackssinne geschult!

Ab 1. Klasse (ab 4 Jahren)
Material: verschiedene Fruchtsäfte und Kräuter, 6 Karaffen, evtl. Tuch zum Augen verbinden

Die SchülerInnen bilden zwei Gruppen. Jede Gruppe bekommt die gleichen Zutaten zur Verfügung gestellt.
Nun ersinnt sich jede Gruppe drei Zaubertränke.
Sind die Mixturen fertig, tauschen die Gruppen ihre Flaschen und versuchen die Ingredienzien eines jeden Zaubertrankes zu erraten.
Natürlich darf dabei auch „nachgemixt" werden!

Magische Bäder

Ein warmes Bad ist immer wohltuend. Aber erst die richtige Kombination bestimmter Badeessenzen und die Wahl des richtigen Zeitpunktes lassen ein Bad magisch werden.

Neben dem Wissen über die Wirkung der Pflanzen (s. S. 44 ff) und ihrer ätherischen Öle (s. S. 88) kommen hier den Junghexen und Zauberlehrlingen auch die Erkenntnisse aus der „Planetenkunde" (s. S. 64) zugute.

Die folgenden Beispiele sind als Anregung gedacht, eigene Forschungen zu betreiben und diese in „vollem Bade" auszuprobieren. Denkbar wäre z. B. vor Prüfungen ein Rosmarinbad (Rosmarin fördert das Denkvermögen) an einem Mittwoch (Merkurtag, steht für gute Auffassungsgabe und Gelingen geplanter Vorhaben) zu nehmen ... – einfach mal testen!

Herkulesbad

Herkules, der Lieblingssohn von Zeus, der unter den Menschen lebte, aber Übermenschliches leistete – ein Sinnbild für Kraft und Sieg – badete vor Heldentaten am liebsten in folgendem Heldenbad:

Ab 2. Klasse (ab 6 Jahren)
Zutaten: neutrales Ölbad, rotes Tuch, roter Bändel, Eichenrinde (für Stärke), Salbeiblätter (gegen Schweißbildung) Pfefferkörner (für Durchsetzungskraft), Rosmarin (auch für die Durchblutung aller Muskeln gut)

Alle Zutaten in das rote Tuch geben, mit dem roten Bändel zum Kräutersäckchen binden, Wasser einlaufen lassen, Ölbad und Kräutersäckchen hineingeben. Das Bad wirkt am besten Dienstags, dem Tag des Mars.
Hinweis: Hilft auch vor einem Fußballspiel!

Das Bad der Aphrodite

Aphrodite ist die griechische Göttin für Schönheit und Liebe.

Ab 4. Klasse (ab 10 Jahren)
Zutaten: 1/4 l Milch und 21 Rosenblüten

Wasser einlaufen lassen, Milch und Rosenblüten dazugeben. Das Bad am Tag der Venus, also Freitagabend, nehmen.

Liebesbad

Ab 4. Klasse (ab 10 Jahren)
Zutaten: 30 ml Badesalz, 1 Tropfen Rosenöl, 1 Tropfen Jasminöl, getrocknete und zerbröselte Rosenblütenblätter

Die Wanne einlassen, die Zutaten hinzufügen. In der Wanne entspannen und vom Liebsten träumen ...

Bad zur Stärkung der Fantasie

Ab 3. Klasse (ab 8 Jahren)
Zutaten: neutrales Ölbad, Scheiben einer Orange, 3 Tropfen Orangenöl

Die Wanne einlaufen lassen, die Zutaten dazugeben. Das Bad genießen und den Gedanken freien Lauf lassen ...

Ätherische Öle – magische Düfte

Die Verwendung von Kräutern und Blumen zur Verbesserung des Raumklimas geht bis auf die alten Ägypter und Griechen zurück. Im Mittelalter bedeckte man die Steinböden der Burgen mit Schilf, auf das man Kräuter streute, damit die Räume angenehm rochen.

Ätherische Öle sind Essenzen, die durch Destillation oder Kaltpressung aus unterschiedlichen Heilpflanzen gewonnen werden. Da dieses Verfahren sehr kompliziert ist, verwenden die SchülerInnen der magischen Künste für ihre Versuche Öle, die im Handel (Drogerien, Apotheken) erhältlich sind. Auch bei den Pflanzen besteht ein Zusammenhang zwischen ihrer Farbe und der Wirkungsweise (s. S. 63). So wirkt beispielsweise das Blau-Violett des Lavendels beruhigend und das Gelb der Zitrone aktivierend ... Es gibt also viel zu entdecken!

Die Wirkung der ätherischen Öle

Bergamotte — wirkt anregend, aufmunternd, entspannend und beruhigend.
Lavendel — wirkt beruhigend und ausgleichend, reinigend und aufbauend.
Eukalyptus — wirkt anregend, krampflösend, hustenstillend und schleimlösend.
Minze — wirkt erfrischend fürs Gehirn (sparsam verwenden).
Lemongrass — wirkt belebend, ermunternd und anregend. Unterstützt die Konzentration und Ausdauer.
Mandarine/Orange — wirkt erfrischend, aufheiternd, inspirierend und aufbauend. Sorgt für sonnige Heiterkeit.
Zitrone — wirkt erfrischend und belebend, bringt Leichtigkeit in den Alltag.
Geranie — wirkt entspannend, ermutigend und harmonisierend.
Rose — wirkt harmonisierend, aufhellend, entspannend, sinnlich anregend. Sehr kostbare Essenz!
Weißtanne — wirkt erholsam und schafft neue Klarheit – wie ein Spaziergang im Wald.

Hinweis: Die Öle sparsam verwenden. Oft genügen in der Aromalampe 3 — 5 Tropfen der Essenz. Öle nicht in die Augen und an die Schleimhäute bringen und für Kinder unzugänglich aufbewahren.

Duftkerzen

1 – 2 – 3 wird aus einer einfachen Kerze eine magische Duftkerze.

Ab 2. Klasse (ab 6 Jahren)
Material: dicke Kerzen, Streichhölzer, feuerfeste Unterlage, ätherisches Öl nach Wahl

Die Kerze entzünden und eine Weile brennen lassen. – Es bildet sich um den Docht flüssiges Wachs.
Die Kerze auspusten (**Vorsicht:** Ätherisches Öl darf wegen seiner Brennbarkeit nicht direkt in die Flamme gespritzt werden!), danach 2–3 Tropfen des Öles in das flüssige Wachs geben. – Die Duftmoleküle werden im flüssigen Wachs eingeschlossen.
Die Kerze kann jetzt wieder angezündet werden und als Duftkerze weiterbrennen. Auch noch nach einigen Tagen gibt sie den Duft nach dem Anzünden wieder frei!

Magischer Duft

Wer einen Herzenswunsch hat, sollte es einmal hiermit versuchen ...

Ab 4. Klasse (ab 10 Jahren)
Zutaten: Stoffbeutelchen (s. S. 84), Salbei, Rosmarin, Thymian, Bergamotte-Öl

Einen Beutel mit Salbei, Rosmarin und Thymian in einer Schublade oder unter einem Kissen aufbewahren oder direkt auf der Haut tragen.
Alle sieben Tage mit sieben Tropfen Bergamotte-Öl beträufeln, bis der Herzenswunsch in Erfüllung geht.

Zaubersalbe

Die richtige Salbe zur richtigen Zeit wirkt buchstäblich Wunder!

Ab 3. Klasse (ab 8 Jahren)
Material: 100 g Wollwachsalkoholsalbe, leere Cremetiegelchen, ätherisches Öl von Rosmarin oder Lavendel (alles in der Apotheke erhältlich), Wasser, Kochtopf, Schüssel, Esslöffel oder Schneebesen, Etiketten zum Beschriften

Etwas Wasser in einem Kochtopf erhitzen.
100 g Salbenbasis in eine Schüssel geben und diese auf den Kochtopf setzen (Wasserbad).
Hat sich das Wasser im Kochtopf erwärmt, wird die Salbe in der Schüssel durch den aufsteigenden Wasserdampf geschmeidig.
Mit dem Rührlöffel die Salbe rühren und zu gleichen Teilen (100 ml) Wasser hinzufügen.
Die Salbe auf Tiegelchen verteilen und darin wahlweise mit 3 Tropfen des ätherischen Öles vermengen. – Rosmarin wirkt kreislaufanregend und erwärmend, Lavendel harmonisierend.

Wunschpulver

Wer einen großen Wunsch hat, dem sei dieses Wunschpulver empfohlen, das ich ebenfalls in einem alten Hexenbuch gefunden habe.

Ab 2. Klasse (ab 6 Jahren)
Zutaten: 2 Teile Salbei, 1 Teil Sandelholz, 1 Teil Zeder
Mörser und Stößel

Die Zutaten zu feinstem Pulver zerstoßen. Bei einer Vollmondnacht an einen ruhigen Ort in der Natur gehen, das Pulver in die linke Hand nehmen und mit dem Spruch „Liebe Pflanzen helfet hier, dass mein Wunsch sich erfülle mir" das Pulver in alle vier Himmelsrichtungen werfen und weggehen, ohne sich umzudrehen.

Die Magie von Zaubergefäßen

Im alten Ägypten verwendete man zum Zaubern Behältnisse aus Ton, weil sie magische Energie lange Zeit bewahren – sie eignen sich sozusagen für Langzeitzauber.

Seit undenklichen Zeiten umgaben sich Magier und Hexen mit Gegenständen, in denen sie ihre persönliche Energie konzentrieren.

Ein Kistchen eignet sich zur Aufbewahrung von unendlich vielen Dingen, aber auch ihrer Verwendung in der Magie sind keine Grenzen gesetzt. Wunsch-, Glücks- und Liebeszauber sind mit ihnen möglich.

Die SchülerInnen der magischen Künste probieren allerlei Zaubereien mit unterschiedlichsten Gefäßen aus.

Die Glücksflasche

Material: eine besonders schöne Flasche, Glückssymbole (Münzen, Mineralien, vierblättrige Kleeblätter, kleine Gummischweinchen)

Die Flasche mit den Glückssymbolen füllen, bis sie randvoll ist.

Die Flasche immer, wenn Glück gebraucht wird, zum Himmel heben und gut schütteln, so heißt es.

Zauberkistchen

Material: kleines Holzkistchen mit Deckel, Karton, Metall, ein kleiner Quarzkristall und eine kleine Pyramide. Materialien zum Verzieren (Stoffe, Federn, Bilder, Stifte, Muscheln, Steinchen...), 3 Zettelchen (6 x 6 cm)

Das Kistchen nach eigenem Geschmack verzieren und mit magischen Symbolen bemalen (vgl. S. 64 ff). Je persönlicher das Kistchen gestaltet ist, desto bessere Ergebnisse werden damit erzielt.

Auf jedes der drei Zettelchen einen Wunsch schreiben oder malen und in das Kästchen legen. Das Kästchen gut verschließen.

Hinweis: Die Wunschkiste wirkt am besten, wenn die Wünsche zu Beginn einer neuen Jahreszeit, nach Weihnachten, nach Ostern, zur Sommersonnenwende oder nach Erntedank in das Kästchen kommen.

Jeweils zum Ende einer Jahreszeit soll der Wunsch in Erfüllung gegangen sein. Danach kann man das Kistchen neu befüllen.

Ging ein Wunsch in dieser Zeit nicht in Erfüllung, sollte er noch einmal, vielleicht etwas deutlicher, mit anderen Worten formuliert in das Kästchen gelegt werden ...

Schutz- und Bannzauber

Seit Anfang an tragen Menschen Ängste in sich vor bösen Mächten und beschäftigen sich damit, wie sie sich vor schlechten Einflüssen schützen können. Waren es früher konkrete Bedrohungen durch die Unbill von Naturkatastrophen, denen der Mensch zu Beginn seiner Entwicklung unmittelbar ausgesetzt war, verlagerten sich diese Ängste immer mehr ins Seelenleben der Menschen.

Während sich Märchenprinzessinnen mit Rosenhecken schützen und Spielprinzessinnen einen Schutzwall aus Kuscheltieren in ihrem Bett aufbauen, kämpften märchenhafte Ritter gegen Drachen und Spielritter verstecken unter ihrem Bett vorsichtshalber Schild und Schwert, um vor vermeintlichen nächtlichen Übergriffen geschützt zu sein.

Die Volksmagie hat eine Fülle von Schutzmitteln über Jahrtausende entwickelt, die sich heute noch in jedem Mode- und Tandladen finden lassen.

Bannzauber

Ab 3. Klasse (ab 8 Jahren)
Material: Apfel, Messer, Minze, Schaschlikspieß, grünes Band

Wer Sorgen hat, kann sich ihrer entledigen, so heißt es, indem er einen Apfel quer halbiert. Die eine Hälfte mit Minze einreibt und dabei mehrmals ausspricht, was gebannt werden soll.
Den Apfel mit einem Spieß wieder zusammenstecken, mit Band umwickeln und vergraben.
Ist der Apfel verfault, soll auch das Problem gelöst sein!

Das Amulett

Wahrscheinlich leitet sich das Wort aus dem arabischen „hamalet" ab, es bedeutet so viel wie Anhängsel. Die Araber bezeichneten damit kleine Zettel mit magischen Sprüchen. Lat. amuletum von amoliri abwenden, ist es ein magisches Schutzmittel zur Abwehr feindlicher Mächte. Es soll den Träger vor negativen Energien bewahren. Amulette kann man selbst herstellen und auf der Rückseite ganz persönliche Symbole einritzen.

Das Wort ABRACADABRA stammt aus biblischer Zeit und bedeutet etwa: „Hinfort!" (s. S. 80 ff)

Ab 1. Klasse (ab 4 Jahren)
Material: Rindenstückchen (2 x 3 cm), Schnitzmesser, Schleifpapier, Lederband, rote Tinte oder entsprechender Filzstift

Die Ränder des Rindenstückchens mit dem Schleifpapier zurechtschleifen, damit die Kanten schön glatt sind und das Rindenstück oval geschliffen ist. Mit dem Schnitzmesser die persönlichen magischen Symbole (S. 64 ff) einritzen und mit roter Tinte nachziehen. Die rote Farbe soll nach Zauberermeinung die Symbole mit magischer Energie „beleben", damit der Schutz auch wirkt. Mit dem Messer ein kleines Loch bohren als Aufhängung und hierdurch das Lederband ziehen.

Danach die Nuss grün bemalen und die Schlange „vergolden" oder „versilbern".
Das „Schlangenei" mit Klarlack überziehen.
Ein Lederband durch die Öse ziehen und würde-voll tragen.

Magische Buchstabenquadrate

Die Sator-Arepo Formel ist das bekannteste magische Buchstabenquadrat. In einem Buchstabenraster geschrieben, sind die Worte sowohl horizontal wie auch vertikal vorwärts vom oben nach unten und rückwärts von unten nach oben lesbar. Meist wird der Satz übersetzt: „Der Sämann (Urheber) Arepo hält mit Mühen die Räder." Es gibt verschiedene Deutungsweisen; frei übersetzt könnte es heißen: Der Schöpfer bindet alle seine Werke.

Das Schlangenei

Magier sind ganz stolz darauf, wenn sie ein so genanntes Schlangenei finden. Das sind Wurzelabsonderungen von Bäumen, die eiförmig geformt sind. Man sagt, hier sei die Energie des Baumes besonders konzentriert ...

Ab 2. Klasse (ab 6 Jahren)
Material: Walnüsse, Messer, Fimo, grüne Farbe, goldene oder silberne Farbe, Pinsel, Klarlack, Zettelchen, Klebstoff

Die Walnuss mit dem Messer öffnen, die Nuss heraus essen, den Rest mit dem Messer herausschaben.
Nach Wahl einen Herzenswunsch, die Sator-Arepo Formel oder die persönlichen Symbole auf das Zettelchen schreiben, zusammenfalten, in die Nuss legen und die Nuss wieder zukleben.
Aus Fimo eine Schlange rollen, ein Ende zum „Schlangenkopf" formen. Die Schlange um die Nuss legen, eine kleine Öse als Aufhängung formen und im Backofen bei leichter Hitze austrocknen lassen.

Magischer Kreidekreis

Kreide, so heißt es im Volksmund, wehrt Böses ab!

Ab 2. Klasse (ab 6 Jahren)
Material: Straßenkreide

Klingelt die Schulglocke zur Pause, haben Zauberlehrlinge und Junghexen nichts Eiligeres zu tun, als einen magischen Kreidekreis auf den Schulhof zu ziehen. Er ist Dreh- und Angelpunkt für viele Spiele, ob Fang- oder Ballspiele.

Ein Spiel war es im Mittelalter, dass ein Spieler schnell „Pollicke" rief und damit das Böse heraufbeschwor. Nun musste ein anderer Spieler schnell in den Kreidekreis rennen und „Pollacke" rufen, damit war das Böse wieder gebannt.

Salonmagie – Illusionskunst

Kommt alle Magie ursprünglich aus dem harmonischen Zusammenspiel von Mensch und Natur, wollte der Mensch eigentlich schon immer ein bisschen mehr sichtbaren Zauber und Verblüffung, als dies die natürliche Magie hätte bieten können. So ließen sich Menschen bis zum heutigen Tage schon immer wissentlich und mit großem Vergnügen von Illusions- und Täuschungskunst unterhalten. Seid den frühen Anfängen im Mittelalter gibt es eine Fülle von Zauberbüchern, die sich mit dem Erlernen von Zaubertricks und ihrer richtigen Präsentation befassen. Verdienten sich bis ins 19. Jahrhundert Gaukler und Vaganten mit ein paar Taschenspielertricks auf den Jahrmärkten ein bisschen Geld dazu, versammelten sich die Salonmagier in ehrbaren Zünften und Verbänden für Zauberer, alle unter dem großen Schweigegebot, keinen Trick auszuplaudern, denn ein verratener Trick verliert logischer Weise sofort seinen Zauber! Der Salonmagie sind Jungs wie Mädchen ab einem Alter von etwa acht Jahren verfallen und so hat die Schule für magische Künste auf vielfachen Wunsch der Junghexen und Zauberlehrlinge hierfür auch eine AG eingerichtet, die von erfahrenen KollegInnen zwar belächelt wird, die Schulleitung hat aber beschlossen, dass das Fach Salonmagie die Schüler wegen des großen Unterhaltungswertes zusätzlich motiviert und die Lernleistung somit indirekt erhöht wird!

Na ja, Spaß muss sein ... Wer mehr Tricks wissen will, der muss – wie immer – seine Studien selbst weiter vertiefen – schließlich unterstehe auch ich der Schweigepflicht!

Zaubervertrag

Das A und O der Illusionskunst ist es, dass alle Neuankömmlinge erst einmal unter Vertrag genommen werden – und zwar unter Schweigevertrag!
Wer dieses Gebot unterläuft, zieht sich den Ärger der ganzen Zunft auf den Hals! Aber dieses Versprechen ist es nicht alleine. Nachfolgende Regeln müssen ebenso strikt befolgt werden, sonst kann man es mit der Salonmagie echt vergessen!

Regeln

1. Üben ist das Wichtigste und zwar den Trick selbst, wie auch die Art der Darbietung.
2. Keine Wiederholung vor dem gleichen Publikum.
3. Stets die Ruhe bewahren.
4. Den richtigen Standort wählen – kein Zuschauer darf seitlich oder hinter dem Zauberer stehen.
5. Zauberutensilien sicher in einem Zauberkasten bewahren, um Neugierige fern zu halten.
6. Die richtigen Tricks auswählen – und zwar nur solche, die man schon sicher beherrscht.
7. Niemals einen Trick verraten – wie gesagt: oberstes Gesetz der Zauberei!

Tipps und Tricks, die zaubern helfen

Wortmagie – Zaubersprüche

Wird ein Trick in eine Geschichte eingebunden, lenkt das von der eigentlichen Handlung ab und gibt dem Publikum mehr die Illusion, die es gerne hätte.

Das Einbeziehen des Publikums in die Geschichte ist wichtig, das erhöht seine Bereitschaft sich auf das Geschehen einzulassen. Sie werden unmerklich in etwas verstrickt und bemerken dabei die scheinbar beiläufigen, aber für den Zauber wichtigen Handlungen des Zauberers nicht so.
Wer nicht frei erzählen will, kann sich einen Reim überlegen und auswendig lernen.

Zaubersprüche helfen nicht nur dem Publikum, die Illusion aufrecht zu erhalten, sondern geben auch dem Zauberlehrling die nötige magische Energie.
Viele Zaubertricks gelingen nur, wenn dem Zauberer eine Person als AssistentIn zur Seite steht. Manchmal genügt eine ahnungslose Person aus dem Publikum, häufig aber müssen die HelferInnen eingeweiht und genauso gut vorbereitet wie der Zauberkünstler sein.

Die drei wichtigsten magischen Dinge für Salonmagier

Wie alle anderen Magier braucht auch der Salonmagier
- Zauberumhang,
- Zauberstab und
- Zauberhut

Diese drei Dinge schützen den Illusionskünstler und verleihen ihm seine besondere Rolle.

In der Schule für magische Künste treten auch die Junghexen, ausgestattet mit den für sie typischen Accessoires (sieben Hexenröcke, Hexenhut, Zauberbesen und – wenn die Fingernägel nicht lang genug sind – mit einem Zauberstab) mit Hexenzaubereien auf die Bühne!

Hinweis: Der Einfachheit halber sprechen wir im Folgenden von der Zauberin, egal ob der Trick von einem Zauberlehrling oder einer Junghexe gezeigt wird. Der Zauberin steht ein Assistent zur Seite – egal ob männlich oder weiblich!

Mentalmagie

Bei der Mentalmagie arbeitet der Magier nur mit der magischen Kraft seiner Gedanken. Er braucht im Grunde genommen nichts anderes als einen klaren Kopf! Zauberlehrlinge und Junghexen bekommen natürlich noch ein paar kleine winzige Hilfsmittel!

Gegenstände erraten

Ab 3. Klasse (ab 8 Jahren)

Das Phänomen

Die Zauberin verlässt den Raum.
Das Publikum einigt sich auf einen Gegenstand, den die Zauberin im Raum finden soll.
Kommt die Zauberin wieder in den Kreis, nennt sie tatsächlich den ausgesuchten Gegenstand.

Das Trickgeheimnis

Die Zauberin hat einen Assistenten. Beide sprechen sich vorher ab, nach welchen Regeln sie sich verständigen.
Beispiel: Der Assistent, der das Zimmer natürlich nicht verlässt, zeigt nacheinander zunächst auf falsche Gegenstände. Die Zauberin antwortet immer mit „nein". Antwortet sie aber mit „mh-mh" ist das der Hinweis für den Assistenten, als nächstes auf den richtigen Gegenstand zu zeigen.
Damit der Trick mehrfach klappt, kann die Absprache sein, dass beim zweiten Mal einfach der siebte Gegenstand genommen wird.

Stühle erspüren

Ab 3. Klasse (ab 8 Jahren)

Das Phänomen

Drei Stühle stehen in der Kreismitte, diese werden beziffert mit 1, 2, 3.
Die Zauberin geht vor die Tür.
Ein Kind aus dem Publikum setzt sich kurz auf einen der drei Stühle und geht wieder auf seinen Platz.
Die Zauberin kommt wieder herein, hält ihre Hände über alle Stühle und erspürt so tatsächlich den richtigen Stuhl, auf dem das Kind saß.

Das Trickgeheimnis

Die Zauberin erkennt anhand der Anzahl der Wörter, mit denen ihr Assistent sie wieder ins Zimmer ruft, welches der gesuchte Stuhl ist:
„Komm" = Stuhl 1 „Komm rein" = Stuhl 2,
„Lisa, komm rein" = Stuhl 3

Stühle erahnen

Das Phänomen

Vier Stühle werden im Quadrat aufgestellt.
Die Zauberin verlässt den Raum. Ein Kind setzt sich kurz auf einen Stuhl und geht auf seinen Platz zurück.
Die Zauberin wird hereingerufen und der Assistent fragt: „War es dieser Stuhl?"
Erst beim richtigen Stuhl antwortet die Zauberin mit „Ja!"

Das Trickgeheimnis

Der Assistent zeigt beim ersten Stuhl, den er erfragt, auf eine Ecke der Sitzfläche und zeigt damit der Zauberin, welches der richtige Stuhl im Quadrat ist.

Die Anzahl der Stühle kann bis auf neun Stühle erhöht werden.
Der Assistent stellt die Stühle dabei unauffällig wie das entsprechende Bild auf Dominosteinen:
- Bei fünf Stühlen kommt einer in die Mitte des Quadrats.
- Bei sechs Stühlen stehen sie sich in zwei 3er-Reihen gegenüber.
- Bei sieben Stühlen zwei 3er-Reihen aufstellen, ein Stuhl kommt in die Mitte
- Bei acht Stühlen ein Quadrat (3 Stühle pro Seite) aufstellen
- Bei neun Stühlen drei Reihen à drei Stühle bilden.

So lassen sich die Positionen auf der quadratischen Sitzfläche immer genau bestimmen.

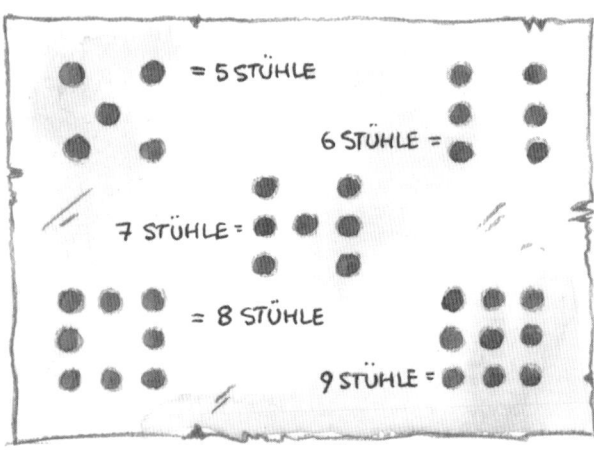

Farbe riechen

Ab 3. Klasse (ab 8 Jahren)
Material: bunte Wachsmalkreide, eine undurchsichtige Tüte

Das Phänomen

Die Zauberin behauptet, dass sie Farben riechen könne.
Sie gibt einer Person aus dem Publikum die Tüte und die bunten Wachsmalkreiden und fordert sie auf, während sie sich umdreht, eine Kreide auszuwählen und in die Tüte zu stecken.
Die Zauberin dreht sich wieder zurück, greift kurz in die Tüte, wühlt etwas darin herum. Sie zieht die Hand wieder heraus, schnüffelt daran und nennt tatsächlich die richtige Farbe!

Das Trickgeheimnis

Während die Zauberin in der Tüte wühlt, kratzt sie heimlich etwas Wachsmalkreide ab. Während sie scheinbar an der Hand schnüffelt, betrachtet sie in Wirklichkeit die winzigen Farbpartikelchen unter ihren Fingernägeln!

Wer hat das Zauberbuch berührt?

Ab 2. Klasse (ab 6 Jahren)

Das Phänomen
Die Zauberin legt ihr Zauberbuch in die Kreismitte und verlässt anschließend den Raum. Eine Person aus dem Publikum berührt das Buch.
Die Zauberin kommt herein und zeigt auf die Person, die das Buch berührt hat.

Das Trickgeheimnis
Der Assistent nimmt die Körperhaltung der Person ein, die das Buch berührt hat.

Gedankenlesen

Ab 2. Klasse (ab 6 Jahren)

Das Phänomen
Die Zauberin behauptet, dass sie Gedanken lesen kann und geht aus dem Zimmer.
Der Assistent lässt das Publikum eine Zahl zwischen eins und sechs auswählen. Die Zauberin wird hereingerufen, fasst dem Assistent mit beiden Händen an die Schläfen und nennt die richtige Zahl!

Das Trickgeheimnis
Der Assistent drückt die Kieferknochen (natürlich bleibt der Mund dabei geschlossen!) so oft fest aufeinander, wie die Zahl hoch ist.
Die Zauberin kann das ganz deutlich in der Hand spüren.

Hellseherische Kräfte

Ab 3. Klasse (ab 8 Jahren)

Das Phänomen
Die Zauberin bittet die Runde, ihr verschiedene Namen zu nennen.
Jeden Namen schreibt sie auf einen extra Zettel, faltet ihn zweimal und legt ihn in ihren Hut. Sie bittet eine Person aus dem Publikum einen Zettel herauszuziehen und unter einen bereit gestellten Teller zu legen.
Die Zauberin schüttet die anderen Zettel auf den Teller und verbrennt sie.
Sie beugt sich über den Teller mit Asche und sagt sehr bedeutungsvoll: „Der Name ist: ...."
Zum Beweis bittet sie wiederum eine Person den Zettel unter dem Teller zu entfalten. – Der Name stimmt!

Das Trickgeheimnis
Die Zauberin schreibt den ersten Namen auf alle Zettel ...

Zahlenmagie

Magie im Zahlenraum bis Hundert

Ab 4. Klasse (ab 10 Jahren)

Das Phänomen
Die Zauberin tritt gegen eine Person aus dem Publikum an. Abwechselnd nennen die beiden Zahlen von 1 – 10 und zählen diese immer zu der vorangegangenen Zahl dazu.
Wer die Hundert erreicht, hat gewonnen. – Und das ist natürlich immer die Zauberin!

Das Trickgeheimnis
Die Zauberin achtet darauf, dass sie bestimmte Schlüsselzahlen besetzt, und zwar die Zahlen:
12 – 23 – 34 – 45 – 56 – 67 – 78 – 89
Kommt die Zauberin auf 89, kann der Mitspieler nicht mehr gewinnen, weil ihm selbst mit der 10 noch eins zur 100 fehlt und die Zauberin auf jeden Fall noch mal dran kommt.

Magische Quadrate

Ab 3. Klasse (ab 8 Jahren)

Das Phänomen
Die Zauberin stellt dem Publikum die Frage, ob jemand ein magisches Quadrat bilden kann mit allen Zahlen im Zahlenraum bis 9, bei dem immer die Quersumme 15 herauskommt. Egal ob senkrecht, waagerecht oder diagonal gerechnet.

Das Trickgeheimnis
Die Fünf steht in der Mitte und die Zahlen darum herum müssen immer Zehn ergeben:

4	9	2	8	1	6	6	1	8	6	7	2
3	5	7	3	5	7	7	5	3	1	5	9
8	1	6	4	9	2	2	9	4	8	3	4

Magische Münzen

Ab 3. Klasse (ab 8 Jahren)
Material: 30 Münzen echten Zaubergeldes (S. 70) oder einfache Kieselsteine

Das Phänomen
Die Zauberin verteilt die Münzen auf dem Tisch. Sie fragt das Publikum, wer denn gerne mal mit ihr spielen möchte.
Abwechselnd nimmt sie und ein Mitspieler eine bis maximal sechs Münzen.
Wer die letzte Münze bekommt, hat gewonnen. Wer es auch gegen sie versucht, die Zauberin gewinnt!

Das Trickgeheimnis
Die beiden Züge von MitspielerIn und Zauberin müssen zusammen immer Sieben ergeben.
Fängt die Zauberin an, so nimmt sie zuerst 2 Münzen.
Ist der Gegenspieler als Erster an der Reihe, versucht die Zauberin möglichst schnell auf die Zahlen **2 – 9 – 16 – 23** zu kommen. Nimmt er 1 Münze, nimmt sie auch eine. Nimmt er 3 nimmt sie 6 ... Schwierig wird es für die Zauberin nur, wenn der Gegenspieler mit 2 anfängt!
Entscheidend ist nämlich, wer am Zug ist, wenn nur noch sieben Münzen auf dem Tisch liegen!
Ist dann der Gegenspieler am Zug, gewinnt die Zauberin!

DOPPELSEITEN EINER ZEITUNG AUSEINANDERREIßEN

① ②

SEITEN ANEINANDERKLEBEN, LÄNGS FALTEN + SCHNEIDEN

Verwandlungskünste

Die Zauberbanane

Ab 2. Klasse (ab 6 Jahren)
Material: 1 Banane, 1 Nadel, 1 magischer Dolch (1 Messer), 1 silbernes Tablett (oder eben ein anderes)

Das Phänomen
Die Zauberin legt eine Banane auf den Zaubertisch. Sie erzählt dem Publikum, dass diese Banane auf Grund ihrer magischen Fähigkeiten mit ihrem magischen Dolch durch reine Energie gleich in Stücke geteilt wird.

Sie konzentriert sich auf die Banane fährt mit dem magischen Dolch an der Banane entlang und deutet mit ruckartigen Gesten an, wo die Banane durch den magischen Dolch durchtrennt werden soll. Dabei berührt der Dolch die Banane aber nicht tatsächlich.

Sie legt erschöpft den magischen Dolch zur Seite und die Banane auf ein Silbertablett.

Die Assistentin schält die Banane und siehe da: sie ist im Inneren in Stücke geteilt. Die Assistentin geht durch das Publikum und bietet die Banane zum Verzehr an.

Das Trickgeheimnis
Die Zauberin präpariert für diesen Trick eine Banane, die einige braune Stellen hat. Sie sticht in regelmäßigen Abständen mit einer Nadel in die Nahtstelle oder in einen braunen Fleck der Banane und trennt sie durch Hin- und Herbewegen in Scheiben. **Achtung:** Nicht die Schale auf der gegenüberliegenden Seite verletzen!

Die Zauberpalme

Ab 2. Klasse (ab 6 Jahren)
Material: 2 Doppelseiten einer Zeitung, Schere, Konfetti, Klebstoff

Das Phänomen
Die Zauberin steht auf der Bühne und hält eine Rolle Zeitungspapier in der Hand. Sie macht vier Schnitte in die Zeitungsrolle, greift in die Rolle und lässt eine Palme daraus wachsen. Während die Palme immer größer wird, regnet es aus ihr Konfetti!

Das Trickgeheimnis
Zwei Doppelseiten einer Zeitung auseinander reißen, dass vier einzelne Seiten entstehen.

Die vier Seiten an den Schmalseiten zu einer langen Bahn aneinander kleben.

Diese lange Bahn längs aufeinander falten und an der Faltkante aufschneiden, sodass zwei lange Bahnen entstehen.

Auf beide Bahnen Konfetti streuen. Die Zeitungsbahnen der Länge nach zusammenrollen. – So kann die Zeitung später von innen her langsam herausgezogen werden.

Die Rolle bei der Vorführung zuerst waagrecht halten, damit das Konfetti nicht zu früh herausfällt.

Durch eine Postkarte steigen

Ab 1. Klasse (ab 4 Jahren)
Material: Postkarte, Schere

Das Phänomen

Die Zauberin wettet mit den Zuschauern, dass sie durch eine Postkarte steigen kann. Dazu brauche sie nur ihre magische Schere und die magischen Worte Schnipp-Schnapp-Zick-Zack!

Das Trickgeheimnis

Die Postkarte wird entsprechend der Zeichnung gefaltet und eingeschnitten, sodass ein großer Ring entsteht.

 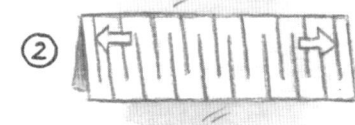

Magisches Allerlei

Die klebende Hand

Das Phänomen

Die Zauberin legt ihre Hand flach auf den Kopf und behauptet, sie klebe ihr am Kopf fest. Nun bittet sie eine „starke" Person aus dem Publikum zu versuchen, die Hand nach oben vom Kopf anzuheben.

Dies wird ihr nicht gelingen, auch wenn sie sonst ein Kraftprotz ist.

Das Trickgeheimnis

Die Zauberin legt ihre Hand flach auf den Kopf und presst diese fest an.

Der Zuschauer fasst ihren Unterarm an und zieht diesen nach oben.

Hier wird geschickt die Hebelkraft ausgenutzt, je mehr der Unterarm nach oben gedrückt wird, desto fester wird die Hand am Kopf aufliegen!

Am besten gelingt es, wenn die Zauberin ihren Ellenbogen etwas anhebt, damit der Unterarm waagrecht verläuft.

Betende Hände

Die Zauberin presst die Hände flach aneinander und bittet einen Zuschauer diese mit einem gleichmäßigen Zug entweder an den Handgelenken oder an den Ellenbogen auseinander zu ziehen – es wird ihm nicht gelingen!

Magische Finger

Die Zauberin drückt die Fingerspitzen der Zeigefinger aneinander. Ein Mitspieler umfasst die Handgelenke und muss sie Richtung Ellenbogen der Zauberin auseinander ziehen. Auch dies wird nicht gelingen.

Kekse backen ohne Ofen

Ab 2. Klasse (ab 6 Jahren)
Material: leere Verpackungen von Mehl, Zucker, Vanillezucker, Backpulver und Puderzucker sammeln, 3 ausgeblasene Eier, Zauberstab, Handtuch, Zauberhut

Das Phänomen

Die Zauberin behauptet vor aller Augen, ohne Backofen Kekse backen zu können. Sie schüttet alle notwendigen Backzutaten in ihren Zauberhut, rührt einmal kräftig um und „Haste nicht gesehen!" sind die Kekse fertig. Die Zauberin reicht den Zauberhut herum und die ZuschauerInnen können die Kekse gleich probieren!

Das Trickgeheimnis

Die Zauberin präpariert die leeren Verpackungen von Mehl, Backpulver, Puderzucker, Vanillezucker, Zucker so, dass sie wie volle Tüten wirken. In die leere Puderzuckerschachtel legt sie die Kekse fürs Publikum.

Bei der Präsentation zeigt die Zauberin alle Backzutaten und schüttet sie imaginär in ihren Zauberhut. Die Eier schlägt sie innen am Hutrand auf und putzt sich anschließend die Hände ab – von dem Eiglibber! Zum Schluss schüttet sie auch den Puderzucker in den Zauberhut (ungesehen fallen die Kekse aus der Schachtel in den Hut). Nun „rührt" sie mit dem Zauberstab noch mal tüchtig den „Teig" um und siehe da, die Kekse sind fertig!
Nach dem Trick können die ZuschauerInnen alles gründlich studieren: die leere Mehltüte, die leere Vanillezuckertüte ...

Wundertüte

Ab 3. Klasse (ab 8 Jahren)
Material: 2 Papiertüten, Klebstoff, Schere, Konfetti, Tuch

Das Phänomen

Die Zauberin zeigt eine leere Tüte herum, steckt ein Papiertaschentuch hinein, bläst die Tüte auf, und lässt sie mit einem Knall platzen – es regnet Konfetti!

Das Trickgeheimnis

In eine Tüte eine Hand voll Konfetti schütten. Die zweite Tüte in der Mitte am oberen Rand abschneiden.
Die kleinere Tüte am abgeschnittenen Rand mit Klebstoff einpinseln und in die große Tüte kleben.
– Die Tüte ist wieder leer!
In die innere Geheimtüte mit der Schere kleine Löcher bohren.

Bei der Präsentation legt die Zauberin das Papiertaschentuch in die Geheimtasche. Sie rafft die Tüte oben zusammen und pustet Luft in die Tüte. Durch die Löcher gelangt Luft auch in die unteren Regionen. Ist die Tüte ganz prall, lässt sie sie mit einem lauten Knall platzen und es regnet Konfetti!

Der springende Joker

Ab 2. Klasse (ab 6 Jahren)

Das Phänomen

Die Zauberin zeigt dem Publikum fünf Karten: vier Zahlenkarten und einen Joker in der Mitte.
Sie dreht die Karten so, dass die Rückseite nach vorne zeigt und bittet einen Zuschauer den zwischen den Zahlen liegenden Joker mit einer Wäscheklammer zu markieren.
Die Zauberin dreht die Karten wieder um – und die Klammer sitzt neben dem Joker!

Das Trickgeheimnis

Durch die Staffelung der Karten tritt an der Rückseite eine Verschiebung auf. Da der Joker vorne in der Mitte zu sehen ist, vermutet der Zuschauer, dass dies auch auf der Rückseite so ist. Deshalb wird er die Klammer auf die mittlere Karte klemmen.

① 1.TÜTE
KONFETTI EINFÜLLEN

② 2.TÜTE
OBERE TÜTENHÄLFTE ABSCHNEIDEN

③ 1.TÜTE
KLEBEN
2.TÜTE
LÖCHER BOHREN
DIE 2.KLEINE TÜTE IN DIE GROßE TÜTE KLEBEN

④ TUCH
KONFETTI
TUCH IN DIE GEHEIMTASCHE LEGEN

PENG!

Coole Spezialeffekte im Zauberlicht

Wie schon erwähnt, sind Zauberlehrlinge und Junghexen immer auf der Suche nach technischen Hilfsmitteln, um ihre noch nicht ganz ausgebildete Zauberkraft (dauert in der Regel dreihundert Jahre) zu unterstützen. Als ein Medium eignet sich dabei auf hervorragende Art und Weise der Einsatz von Schwarzlicht.

Der Raum für Zauberlicht

Um im Zauberlicht magisch wirken zu können, bedarf es einiger Vorbereitungen – aber das kann Junghexen und Zauberlehrlinge natürlich nicht schrecken!

Material: Schwarzlichtlampe, schwarze Vorhänge oder Ackerfolie (Landmarkt), schwarze Kleidung und Tarnkappe, fluoreszierende Gegenstände
(vgl. auch: Sybille Günther, „Das Zauberlicht", s. Anhang)

- Einen Raum komplett schwarz abdunkeln. Am besten eignet sich hierzu ein Raum, in den sowieso kein Tageslicht fällt!

- Einen Teil des Raumes als Bühne in ein „Schwarzes Kabinett" verwandeln. Das heißt alle Wände, die Decke und sogar der Boden müssen schwarz sein, denn wenn in einem gänzlich schwarzen Raum gänzlich schwarz gekleidete Menschen stehen, sind sie für den Zuschauer unsichtbar! Für das schwarze Kabinett schwarzen Bühnenmolton verwenden. Ist der nicht vorhanden, schwarze Ackerfolie nehmen.

- Tarnkleidung für die Akteure bereithalten. Damit die Akteure für das Publikum unsichtbar wirken können, ziehen sie sich von Kopf bis Fuß schwarz an! (Eventuell einige schwarze T-Shirts, Socken, Leggins ... besorgen.) Auch Hände und Kopf sollten schwarz bedeckt sein: Über die Hände schwarze Socken ziehen, über den Kopf eine schwarze Kapuze stülpen. Eine Kapuze ist schnell gemacht: ein ausreichend großes, rechteckiges schwarzes Stoffstück einmal quer zum Quadrat falten und eine Seite zusammennähen.
Evtl. Sehschlitze einschneiden.

Dinge erscheinen, schweben und verschwinden lassen

Im Schwarzlicht leuchtende Gegenstände lassen sich im Handumdrehen unsichtbar machen.

Material: im Schwarzlicht leuchtender Gegenstand, schwarzes Tuch, Tarnkleidung

Das Phänomen

Die Zauberin steht am Rand der Bühne. Sie murmelt etwas vor sich hin und lässt ihren Zauberstab kreisen. Mitten im Raum erscheint wie von Geisterhand ein leuchtender Gegenstand. Langsam schwebt er über die Bühne. Die Zauberin lässt ihren Zauberstab erneut kreisen – der Gegenstand ist verschwunden.

Das Trickgeheimnis

Ein Assistent der Zauberin hat schwarze Tarnkleidung an. Er trägt den Gegenstand mit einem schwarzen Tuch verdeckt auf die Bühne – nichts ist zu sehen.

Lässt die Zauberin ihren Zauberstab kreisen, nimmt er das Tuch ab – schon „erscheint" der Gegenstand vor den Augen des Publikums.

Trägt der unsichtbare Assistent den Gegenstand durch den Raum, scheint er zu schweben ... Wirft er das schwarze Tuch wieder darüber, ist der Gegenstand scheinbar wieder „verschwunden".

Die schwebende Jungfrau

Ab 2. Klasse (ab 6 Jahren)
Material: Schwarzes Kabinett (mit schwarzem Stoff oder Folie abgehängte Kellernische s. o.), Tisch, weißes Laken, 1 Paar weiße Handschuhe, Tarnkleidung, weißes Leinennachthemd, wenn vorhanden Schwarzlichtlampe

Das Phänomen

Zwei „Geisterhände" machen lockende Bewegungen ins Publikum.

Eine Junghexe „erscheint" im weißen Nachthemd und läuft traumwandlerisch ins Schwarze Kabinett. Dort legt sie sich mit dem Rücken auf den Tisch und wird langsam von einem weißen Laken bedeckt.

Die Geisterhände machen beschwörende Bewegungen über der Junghexe. Und siehe da – sie schwebt!

Das Trickgeheimnis

Die Zauberin hat drei Assistenten.

Ein Assistent in Tarnkleidung und weißen Handschuhen spielt die „Geisterhände".

Die beiden anderen sind komplett getarnt und für das Publikum unsichtbar.

Während das weiße Leintuch langsam über die „Jungfrau" gelegt wird, dreht diese sich für die Zuschauer unsichtbar auf den Bauch, nun braucht sie sich nur noch mit Armen und einem Bein langsam in die Höhe stemmen und dabei das dem Publikum zugewandte Bein strecken. Es entsteht der Eindruck, die Person würde tatsächlich schweben! Wird das Leintuch wieder langsam abgenommen, dreht sich die „Jungfrau" wieder „unsichtbar" auf den Rücken!

Wahrsagekunst – Mantik

Mantik (griech. von mantis: Seher) ist die Kunst der Weissagung (lat. divinatio – die Konsequenz des Wunsches, die Zukunft zu erforschen).

Seit Urzeiten bemühten sich die Menschen, aus irgendwelchen Zeichen – seien es die Bilder des Vogelfluges, die Wolkenbildung, die Kräuselung des Wassers, die zufällige Anordnung hingeworfener Steine oder Hölzchen, die Art, wie das Feuer abbrannte – etwas herauszulesen, das auf die Zukunft hinweist. So suchten sie nach Anzeichen, was das Schicksal für die menschliche Gemeinschaft mit sich bringen könnte. Mit dieser Vorausschau oder Vorahnung war in der Vorzeit oft unmittelbar die Entscheidung über Leben und Tod verbunden: die Frage, ob es Wild zu erlegen und damit ob es Essen für alle geben würde, oder die Frage nach heraufziehendem Unwetter oder plötzlichem Kälteeinbruch. Entsprechend waren die Menschen geachtet, die eine Begabung hatten, diese Dinge früher zu erahnen, als andere.

Mit der menschlichen Entwicklung und ihrem Zugewinn an Sicherheit vor möglicher Unbill der Natur verlagerte sich die Wahrsagekunst hin zu Fragen zum persönlichen Glück und Schicksal des Einzelnen. Nun ging es stärker um Fragen in Liebesdingen und Freundschaft, um Geldangelegenheiten oder persönliche Fragen, die Macht und Auseinandersetzung mit anderen angingen. Längst sind die damals so genannten „Seher" nicht mehr im Geringsten so geachtet wie früher, trotzdem konnte sich die Zunft der Wahrsager bis zum heutigen Tage halten und es gibt eine Fülle von Methoden, mit denen man versucht, Zeichen aus der Zukunft zu erhalten.

Diese Sehnsucht, Zeichen aus der Zukunft zu bekommen, zeigt sich auch in den Kinderspielen. Jeder kennt das Blümchen-Orakel „Er liebt mich, er liebt mich nicht!"

Mantik wird in der Schule für magische Künste in höheren Klassen angeboten, den ersten beiden Jahrgangsstufen fehlt dafür noch das Interesse und die notwendige Lebenserfahrung. Zauberlehrlinge und Junghexen verschaffen sich erst mal einen Grobüberblick über die verschiedenen Methoden, bevor sie sich einem Gebiet der Mantik näher widmen, aber nur, wenn sie dafür von sich aus Interesse zeigen!

Eins vorweg, all diese Hilfsmittel spiegeln nur die eigenen Bilder wieder, die der Mensch ohnehin in sich trägt! Es kommt also nichts Neues von außen hinzu! Wer sich damit beschäftigen will, nutzt die Hilfsmittel also nur, um sich seine eigene momentane Situation besser vor Augen zu halten und über einzelne Aspekte bezüglich einer Lebensfrage nachzudenken.

Es hat überhaupt keinen Sinn, ständig auf der Suche nach Zeichen zu sein. Hört der Mensch auf seine innere Stimme, was ihm gut und richtig erscheint, hilft das allemal weiter! Ist er sich einer Sache nicht ganz sicher, war es noch immer am Besten, sich mit Menschen darüber zu unterhalten, auf deren Urteil er Wert legt!

ABC der Mantik

Die häufigsten Arten der Mantik, wie sie von der Antike an mit immer neuen Varianten gepflegt werden, seien kurz aufgeführt. Daran sieht man auch, dass es dabei viel Blödsinn gibt!

Aeromantie	Mantik aus der Luft und den Wolken
Alectryomantie	Hahn pickt Körner auf, die über ein Alphabet verstreut sind, und die dabei notierten Buchstaben sollen Namen und Wörter ergeben.
Alneuromantie	Orakeln mit Glückskeksen
Alphitomantie	Mantik aus Mehl
Astromantie	astrologische Zukunftsdeutung
Belomantie	Pfeilorakel
Bibliomantie	Weissagung mit zufälliger Deutung des Zeigefingers auf eine Textstelle in einem Buch
Cephaleonomantie	Mantik aus der Kopfbewegung eines Esels
Chiromantie	Handlesen
Hydromantie	Mantik mit wassergefüllten Schalen
Kartomantie	Mantik mit Karten: Tarot
Lithomantie	Mantik mit Steinen
Oneiromantie	Traumdeutung
Ornithomantie	Vogelschau
Pegomantie	Mantik aus Quellen
Rhabdomantie	Mantik mit Wünschelrute
Radiästhesie	Mantik mit Pendel
Xylomantie	Mantik mit Holzstäbchen oder Würfeln

Kartomantie und das Geheimnis des Tarot

Bei der Zukunftsdeutung spielten Karten und hier vor allem die Tarotkarten von jeher eine wichtige Rolle. Diesen Tarotkarten wurden und werden geheimnisvolle Kräfte zugeschrieben. Das liegt wohl daran, dass man niemals herausgefunden hat, wann und wo die Karten eigentlich entstanden sind. Manche behaupten, sie stammten aus dem alten Babylon, aus Ägypten oder gar aus dem verschwundenen Atlantis. Das Mysteriöse an diesen Karten ist die ihnen innewohnende verborgene Weisheit. Diese findet sich auch im alten Geheimwissen der Sinti und Roma wieder. Es gab und gibt zahlreiche Ausführungen der Tarotkarten. Tarot zeigt niemals einen ganz konkreten Weg in die Zukunft und die Karten geben keine fest umrissene Antwort.

Um Tarotkarten nur halbwegs zu verstehen, muss die Bedeutung der einzelnen Symbole bekannt sein. Das Kartenblatt unterteilt sich in die große Arkana (Geheimnis) und die kleine Arkana. Um es gleich vorweg zu sagen: die kleine Arkana ist nahezu identisch mit unserem heutigen französischen Kartenblatt.

Tarot bedarf einem ausführlichen Studium, drum seien hier lediglich die Karten der großen Arkana mit der jeweiligen Bedeutung abgebildet. Wie immer gilt: wer mehr wissen will, muss seine Studien selbst vertiefen, vielleicht findet sich ja in der großen Schule für magische Künste eine Wahrsagerin eines älteren Semesters, die die Studierenden weiter in die Geheimnisse des Tarot einführt ...

DER MAGIER

DER NARR

DIE HERRSCHERIN

DIE HOHEPRIESTERIN

Die große Arkana – das große Geheimnis

Die Karte **Null** zeigt den **Narr**
Jeder Mensch sollte über die Welt nachdenken sonst bleibt er ein Narr

Karte **1** zeigt den **Magier**
Inneres Gleichgewicht – in der Mitte der Welt stehen

Karte **2** zeigt die **Hohepriesterin**
Sie stellt die Frau als Wissende aller Mysterien dar. Diese Karte symbolisiert die weibliche Unabhängigkeit, die Chance zu innerer Harmonie und Einkehr.

Karte **3** zeigt die **Herrscherin**.
Die Herrscherin symbolisiert die Mütterlichkeit und Freundlichkeit, aber auch die Fähigkeit zum Heilen und Lieben.

Karte **4** zeigt den **Herrscher**
Er steht für die weltliche Macht, die mit hohen Idealen einhergeht.

Karte **5** zeigt den **Hohepriester**
Er ist der weise Berater und Zuhörer, der in Auseinandersetzungen hilfreich zur Seite steht.

Karte **6** zeigt die **Liebenden**.
Die Liebenden symbolisieren die Partnerschaft, die Karte kann auch dafür stehen, dass die Partnerschaft vor einer Entscheidung steht.

Die Karte **7** zeigt den **Wagen**
Er ist Symbol für den Neuanfang. Erst eine Entscheidung ermöglicht, zum Ziel zu gelangen.

Die Karte **8** zeigt die **Gerechtigkeit** oder das **Gleichgewicht**
Erst die Fähigkeit abzuwägen, bringt uns ins Gleichgewicht.

Karte **9** zeigt den **Eremiten** oder **Einsiedler**
Erst die Vertiefung in unser eigenes Selbst bringt Weisheit.

Karte **10** zeigt das **Rad** des **Schicksals**
oder auch Glücksrad es steht für positive Ereignisse.

Karte **11** zeigt die **Kraft** oder **Stärke**
Sie weist daraufhin, dass die wahre Stärke im Geist liegt. Sie symbolisiert, dass wir unsere Probleme lösen können.

Karte **12** zeigt den **Gehängten**,
Diese Karte symbolisiert eine „Prüfung". Sie ist durchaus positiv, denn wer in der Lage ist, die Dinge auch mal auf dem Kopf zu betrachten, wird erkennen, wie die Welt ist.

Karte **13** zeigt den **Tod**.
Diese Karte bedeutet nicht einen Todesfall, sondern die Loslösung von Althergebrachtem und den Aufbruch zu neuen Ufern.

Karte **14** zeigt die **Mäßigkeit**.
Sie symbolisiert unsere kreativen Kräfte, denn nur wenn wir sie nicht wahllos fließen lassen, sondern in einer Struktur und mit Maß und Ziel, können wir sie fruchtbringend einsetzen.

Karte **15** ist den **Teufel**
Diese Karte symbolisiert, dass nur wer seine Ängste überwindet, Erfahrungen positiv umsetzen und sich weiter entwickeln kann.

Karte **16** zeigt den **Turm**
Diese Karte symbolisiert die Zerstörung des Althergebrachten, damit das Neue seinen Platz finden kann.

Karte **17** ist der **Stern**
Diese Karte bedeutet die Allgewallt der Gestirne und damit des Universums. Sie steht auch für unsere Fähigkeit zur Inspiration und Vision. Wer die Verbindung zum Kosmos erkennt, wird ein glückliches Leben führen – heißt es.

Karte **18** ist den **Mond**
Diese Karte symbolisiert die Intuition und bedeutet, dass man nach seinem Gefühl handelt – man muss nur immer wissen, inwieweit man ihm vertrauen darf.

Karte **19** ist die **Sonne**
Diese Karte bedeutet das Glück des Menschen, das mit anderen erst seinen Höhepunkt findet.

Karte **20** ist das **Gericht**
auch Auferstehung genannt. Sie bedeutet das Zusammenspiel des männlich/weiblichen mit dem Glauben an ein höheres Wesen. Die Karte bedeutet, durch Selbstkritik zu Veränderung zu kommen.

Karte **21** ist die **Welt**
manchmal nennt man sie auch die Zeit. Die Welt kann für die Beendigung einer großen Lebensaufgabe stehen, aber auch für eine kleine reale Reise.

Wahrsagen mit dem französischen Kartenspiel

Da unser normales Kartenspiel dem Tarot mit den einzelnen Farben entspricht, Herz (Kelche), Pik (Schwerter), Karo (Münzen) und Kreuz (Stäbe), können wir natürlich auch hiermit versuchen, etwas über unser Schicksal zu erfahren. Allerdings machen wir es uns hier einfacher als beim Tarot! Grundsätzlich gilt: die Karten sind nur Hilfsmittel. Gemischt werden die Karten vom Fragesteller, beim Legen und Deuten hilft eine erfahrene Begleitung. Hierbei kommt es sehr auf Intuition an! Nichts Negatives sagen, sonst lässt sich der Fragende negativ beeinflussen.

Ab 3. Klasse (ab 8 Jahren)
Material: Kartenspiel mit 52 Karten (französisches Blatt bzw. Rommee-Karten)

Der Fragesteller zieht eine Karte, die wird aufgedeckt auf den Tisch gelegt. Sie steht für seine Person. Dann mischt er die restlichen 51 Karten, hält sie – ohne die Karten zu sehen – wie einen Fächer mit der rechten Hand und zieht 9 Karten. Diese überreicht er der Kartenlegerin.
Die Kartenlegerin legt nun diese Karten noch verdeckt von links beginnend im Kreis herum.

- Sie deckt die ersten drei Karten auf und legt sie links des Kreises untereinander – sie stehen für die Vergangenheit.
- Die nächsten drei Karten legt sie nebeneinander an den unteren Rand – sie stehen für das, was ist.
- Die letzten drei Karten legt sie aufgedeckt rechts des Kreises untereinander – sie stehen für das, was sein wird.

Die Kartenlegerin macht je nach Konstellation der Karten allgemeine Aussagen zur Person, ihrer Vergangenheit und momentanen Situation.

Zuletzt versucht sie sich in der Beantwortung der Frage. Durch geschicktes Nachfragen, kann sie die Meinung (Hoffnung) des Rat Suchenden mit einfließen lassen ...

Vereinfachte Bedeutung
Karo (Münzen) kann gute Geschäfte oder viel Geld bedeuten.
Herz (Kelche) steht für Liebe und Glück. Besonders das Herz-As ist glücksbringend.
Kreuz (Stäbe) steht für Freunde, Beziehungen, Chancen und Geschenke.
Pik (Schwerter) steht für Auseinandersetzung und Logik. Pik-As beantwortet die Frage eher negativ.

Variante für Jüngere
Wenn es darum geht, eine Frage mit Ja oder Nein zu beantworten, dann denkt sich der Fragesteller die Frage, mischt die 52 Karten durch und legt den ganzen Stoß mit dem Kartenrücken nach oben auf den Tisch.
Den Kartenstoß noch zweimal abheben und die 2 Kartenhaufen auf dem Tisch über den ersten Kartenstoß ablegen.
Die drei Kartenhäufchen dreht die Kartenlegerin um und betrachtet sie:
Sind zwei oder drei von den Karten rot, ist die Antwort ja, sind zwei oder drei von den Karten schwarz, bedeutet es nein.

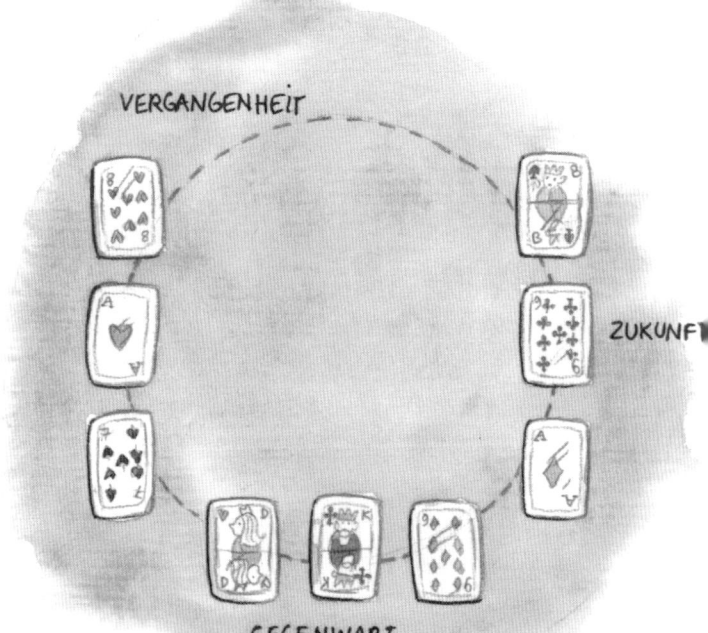

VERGANGENHEIT

ZUKUNFT

GEGENWART

Wahrsagen mit der Kristallkugel – Kristallomantie

Der Lehrer von Cornelius Agrippa von Nettesheim, Abt Tritheim, schrieb, dass die Kristallkugel eines Magiers vollkommen durchsichtig sein und etwa die Größe einer kleinen Orange besitzen solle. Die Verwendung solcher Kugeln konnte bis zu den Druiden zurückverfolgt werden.
Auch die Kristallkugel eignet sich, um in die Zukunft zu blicken. Die Kristallkugel dient dabei lediglich dazu, sich zu konzentrieren. Durch das Betrachten der Kugel verdichten sich die inneren Erfahrungen zu einem Bild. Die Bilder und Erlebnisse die sich in der Kristallkugel offenbaren, können sich vor langer Zeit abgespielt haben, sie können aber auch in der Gegenwart oder Zukunft geschehen, heißt es.

Ab 4. Klasse (ab 10 Jahren)
Material: Kristallkugel, bequeme Kleidung, angenehmer Raum

Die Kristallkugel so auf einen Tisch stellen, dass von hinten Licht auf die Kugel fällt. Der Raum sollte abgedunkelt, ruhig und angenehm temperiert sein. Nur die Kugel ist erleuchtet.

Man kann sich ohne Wunsch vor die Kugel setzen, aber auch mit einer klaren Frage. Je präziser die Frage, um so eindeutiger die Aussage.
Zuerst durch Ein- und Ausatmen zur Ruhe und zur Entspannung kommen. Dann die richtige Entfernung zu der Kugel ausprobieren und die Kugel mit den Augen fixieren.
Durch die Kugel hindurch in weite Ferne blicken und das Auge auf „unendlich" einstellen. Dabei gleichmäßig atmen. Störende Gedanken beiseite lassen.
Ähnlich wie im Traum stellen sich Bilder und Assoziationen ein, diese Bilder in Ruhe kommen und gehen lassen.

Pendeln

In früheren Jahrhunderten verwendete man eine natürliche Astgabel der Haselnuss, um Wasseradern oder bestimmte Gegenstände aufzuspüren. Die hierzu verwendete Astgabel hieß Wünschelrute. Daraus entwickelte sich die Methode des Pendelns.

Ab 3. Klasse (ab 8 Jahren)
Material: Pendel, Ring an einem Faden

Es gibt eine Vielzahl von Pendeln. Welches man verwendet, liegt ganz an der eigenen Vorliebe. Manche mögen schwere Pendel aus Kupfer, Messing oder Silber. Andere wählen lieber einen Edelstein, der zu ihnen passt. Das Pendel sollte schwer genug sein, damit es an einem Faden oder einer dünnen Kette gut nach unten hängt und in seiner Bewegung nicht zu schnell instabil wird.

Auch das Pendel gibt nur Entscheidungen wieder, die im Unterbewusstsein schon längst getroffen sind. Das Pendel nimmt, so heißt es, Schwingungen aus unserem Unterbewussten auf und setzt sie in sichtbare Schwingungen um.

Dazu setzt man sich an einen ruhigen Ort, achtet auf eine entspannte Haltung und atmet tief und ruhig ein und aus. Das Pendel immer zwischen Daumen und Zeigefinger halten.

Um den Pendelcode herauszufinden, stellt sich der Pendler eine Frage, die er nur mit ja beantworten kann. Meist gerät das Pendel in eine Kreisbewegung entweder links oder rechts herum. Manchmal schlägt es horizontal oder vertikal aus. Dasselbe macht man mit einer Frage, die nur mit nein beantwortet werden kann. Nun müsste das Pendel entgegengesetzt ausschlagen. Nun kann man an sich eine noch offene Frage stellen, und sehen, wie das Pendel antworten würde.
Stimmt die Antwort?

Das Geheimnis des Handlesens – Chiromantie

Die Wurzeln des Handlesens reichen bis in das Altertum zurück. Wie das Kartenlesen ist auch das Handlesen ein Versuch, etwas über das Schicksal herauszubekommen. Das Handlesen sagt allerdings nichts über die Zukunft aus, sondern soll, so sagt man, etwas über die Anlagen und den Grundcharakter eines Menschen verraten. Im Laufe des Lebens verändern sich die Linien und „Berge", es können auch neue Linien und Kerben hinzukommen. Jede Hand ist einzigartig, sie ist die persönliche Visitenkarte des Menschen.

Jeder Mensch hat seinen individuellen Fingerabdruck – und das gilt auch für den Rest der Hand. Auf der Hand sind verschiedene Linien zu sehen, denen eine bestimmte Bedeutung zukommt. Immer sind beide Hände zu betrachten. Die linke Hand verrät etwas über die Anlagen des Menschen, die rechte Hand zeigt, was er daraus machen kann (bei Linkshändern ist das umgekehrt). Wie sich unser Leben verändert, so verändern sich auch unsere Handlinien: Glück und Erfolg aber auch Krankheiten und Schicksalsschläge sollen darin zu sehen sein. Auch Tendenzen für die Zukunft lassen sich daraus deuten. Wichtig ist immer, beide Hände zu deuten. Besonders wichtig sollen die Höhen und Tiefen im Handteller – die „Berge" – sein.

Die Bedeutung der „Berge"

Unter dem Zeigefinger ist der **Jupiterberg**. Ist er besonders ausgeprägt, soll der Mensch recht „ichbezogen" sein.

Unter dem Mittelfinger ist der **Saturnberg**: ist er besonders groß, arbeitet der Mensch zu viel und ist vielleicht traurig.

Unter dem Ringfinger ist der **Appollonberg**. Ist er besonders ausgeprägt, soll der Mensch besonders künstlerisch begabt sein.

Ist der **Merkurberg** unter dem kleinen Finger stark ausgeprägt, ist der Mensch sehr sparsam, ist er wenig ausgeprägt, eher verschwendungssüchtig.

Der große **Marsberg** auf der Mitte der äußeren Handkante deutet auf Entschlossenheit hin, bei geringer Ausbildung soll der Mensch nicht so entscheidungsfreudig sein.

Der **Venusberg** auf dem Daumenballen. Je stärker dieser ausgeprägt ist, desto mehr ist der Mensch ein Liebes und Lebenskünstler.

Die Bedeutung der Handlinien

Herzlinie
● Eine lange und kräftige, zum Zeigefinger aufsteigende Herzlinie bedeutet, dass dieser Mensch lieb und treu ist.
● Verläuft die Herzlinie parallel zur Kopflinie, halten sich Vernunft und Gefühl die Waage. Der Mensch gilt als gut und verlässlich.
● Gehen Herz- und Kopflinie stark auseinander, gilt der Mensch als etwas impulsiv und hitzig.

Die **Kopflinie** gibt Aufschluss über die geistigen Fähigkeiten.
● Ist die Kopflinie tief und deutlich, so zeugt dies von hoher Intelligenz, scharfer Logik und klaren Einsichten.
● Ist die Linie kettenartig verschlungen, dann gilt der Mensch als vielseitig interessiert.
● Gibt es gleich zwei Linien, was sehr selten vorkommt, dann soll dieser Mensch überragende geistige Fähigkeiten besitzen, also mindestens Wunderkind oder Genie sein.

Die **Lebenslinie** zeigt Vitalität und Lebenskraft.
● Ist die Lebenslinie ein langer Bogen, lässt die Gesundheit nichts zu wünschen übrig. Kraft in jeder Lebenslage. Jedes Problem wird spielend bewältigt.
● Ist die Linie steil und gerade, wird der Alltag eher vom Kopf bestimmt.
● Ist die Linie in Kettenform, bewegen sich diese Menschen eher auf der sicheren Seite des Lebens. Diese Menschen sind am zufriedensten, wenn alles in gewohnten Bahnen verläuft.

Die **Schicksalslinie** ist der Gradmesser von persönlichem Erfolg.
● Ist die Linie gerade und klar, lassen sich Wünsche Ruck zuck in die Tat umsetzen.
● Ist die Linie öfter unterbrochen, kann der Mensch sich nicht so leicht entscheiden.
● Ist die Linie wellig, sind die Menschen kreativ und sehr freiheitsliebend.

Gesundheitslinien verlaufen am Handgelenk dicht unterhalb der Handwurzel.
Sind die Linien verschlungen und ähneln einer Gliederkette, versprechen sie extra Power und ein langes Leben.

Liebeslinien befinden sich an der Außenkante unter dem kleinen Finger. Sie stehen für dauerhafte Beziehungen.

Babylinien liegen direkt unterhalb des kleinen Fingers. So viele Linien nebeneinander liegen, so viele Kinder sind zu erwarten. Zarte Linie stehen für Mädchen. Tiefe Linien stehen für Jungen.

Das Handlesen

Das Handlesen lernen die Junghexen und Zauberlehrlinge von einer erfahrenen Lehrerin der magischen Künste, indem sie sich selbst aus der Hand lesen lassen.

Beim Handlesen auf eine ruhige entspannte Atmosphäre unter vier Augen achten!
Die Handleserin betrachtet sich beide Hände und sagt mit viel „Fingerspitzengefühl" und immer wiederkehrendem Nachfragen etwas über die Wesenszüge des Menschen aus.
Dabei positive Dinge unterstreichen und Wünsche des Menschen mit einfließen lassen.

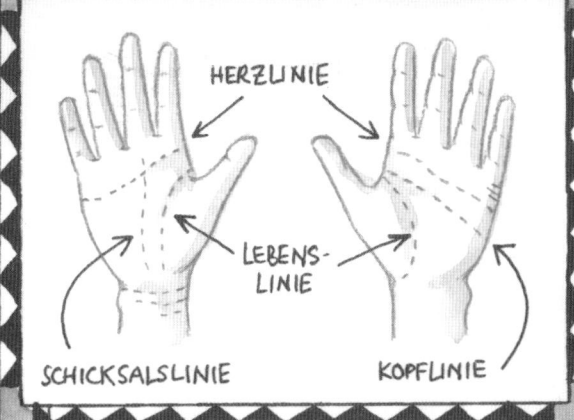

Träumen

Was sind Träume? Wir alle träumen jede Nacht, wenn wir uns in der Tiefschlafphase befinden, um die Erlebnisse des Alltags zu bewältigen. Im Realitätsbewusstsein sind wir zumeist nicht in der Lage, all das, was wir erleben, unmittelbar zu bewältigen. Deshalb holen wir dies zumindest in Teilen nach, wenn wir tief und fest schlafen. Doch nicht nur unserer Seele braucht den Schlaf, nein auch unser Körper braucht die entspannte Nachtruhe, damit er sich erholen und regenerieren kann.
Das ist die eine Seite, andererseits haben wir aber auch Tagträume, die uns bewusst in „andere Welten" gleiten lassen. So gibt es viele Menschen, die, während sie sorgfältig ihrer Arbeit nachgehen, gleichzeitig vor sich hin träumen, um dem Alltag ein wenig zu entfliehen. Warum? Ganz einfach: Hätten wir nicht diese wundervolle Möglichkeit, uns in Träume zu versetzen, dann würden wir uns im wirklichen Leben verhärten. Wir würden dann unsere Wünsche vergessen. Denn gerade Träume lassen uns von der Realität ein wenig Abstand nehmen und uns auf Ebenen zu bewegen, die neue Ideen und damit Lebendigkeit in unser Leben bringen.

Ab 1. Klasse (ab 4 Jahren bis ins hohe Alter)
Material: bequeme Matten, bequemes Sofa oder zu Hause das eigene Bett

Alle Zauberlehrlinge und Junghexen träumen ihr Leben vor. Sie legen sich einfach auf ihr Bett und stellen sich vor, wie ihr Leben aussehen könnte. Sie können sich alles erträumen, was sie sich nur vorstellen wollen. Doch sie bauen nicht nur Luftschlösser in ihren bewussten Träumen. Träumerisch, ja spielerisch setzen sie sich mit allen wichtigen Themen auseinander und überlegen sich, bevor sie etwas tun, wie es sich für sie anfühlen würde, wenn ...
So werden sie sicherer in der Frage, ob dieser oder jener Weg der richtige für sie ist.

Die Sonnen- und Mondfeste der Zauberer und Hexen

Hexen und Magier begingen schon seit Urzeiten das ganze Jahr hindurch den ewigen Kreislauf der Jahreszeiten. In regelmäßigen Abständen feierten sie die acht Sabbate, vergleichbar mit unseren Jahresfesten, und die 12 bis 13 Esbats, die Vollmondfeste. Die vier kleinen Sabbate markieren die Wenden und Höhepunkte der Sonnenbahn. Mit den vier großen Sabbaten werden die Vegetationszyklen Saatzeit, Wachstum, Ernte, Ruhezeit eingeleitet. Sabbatzyklen widerspiegeln den uralten Kreislauf vom unaufhörlichen Wiedergeborenwerden und Sterben in der Natur. Für die Menschen waren früher die Feste die wesentlichen Elemente, der rote Faden, an dem ihr Leben sich orientierte.

In der Schule für magische Künste wird das Feiern großgeschrieben, denn alle wissen, dass das Feiern die Gemeinschaft fördert und die Junghexen und Zauberlehrlinge in den ewigen Kreislauf der Natur einführt. Außerdem sind sie gar nicht zu bremsen, die Feste vorzubereiten, weil sie von Natur aus sowieso am liebsten feiern!

Die vier großen Sabbate

Fest zum Beginn der Ruhephase in der Vegetation

Das erste Fest im Kalender war früher Halloween, am ***31. Oktober*** *oder auch Samhain, wie es bei den Kelten hieß.*

Zu diesem Fest versammeln sich alle Junghexen und Zauberlehrlinge gerne um eine coole Halloween-Party steigen zu lassen. Damit sie innerlich stark und mutig werden für die dunkle Jahreszeit, verkleiden sie sich gerne als Vampire, Frankensteins, Monsterchen, Fledermäuse, Spinnen, Eulen, dekorieren das ganze Schulhaus entsprechend gruselig und lassen sich allerhand Schabernack einfallen, um sich gegenseitig zu erschrecken. Gerne ziehen sie auch durch die Straßen, treiben Unsinn und erbetteln Süßkram.

Fest zum Beginn der Saatzeit

Der zweite große Sabbat wurde am ***1. Februar*** *gefeiert und wird auch das Fest des zunehmenden Lichtes oder Lichtmess genannt, weil die Sonne nun wieder an Kraft gewinnt.*

In der Schule für magische Künste geht es jetzt närrisch zu, es wird Karneval gefeiert. Meist wird im Schulhof dann noch ein Fasnachtsfeuer entfacht und die Junghexen tanzen wild und ausgelassen drumherum. Danach wird das ganze Schulhaus vom Winterstaub befreit, selbst die Fenster werden geputzt, damit die ersten Frühlingssonnenstrahlen ins Haus scheinen können.

Fest zum Beginn der Wachstumsphase in der Vegetation

Dann naht Walpurgisnacht, zum ersten Mai hin. Der ***1. Mai*** *ist ein Tag der Freude, der Winter ist vergangen, und man kann unter freiem Himmel die wieder erwachte Natur genießen.*

In der Schule für magische Künste wird der Unterricht schon tagsüber nach draußen verlegt. Alle Junghexen und Zauberer errichten ein großes Pagodenfeuer, damit es in der Nacht lange brennen möge und sie lange wach bleiben können. Die Junghexen schmücken alle Bäume des Schulgartens mit bunten Bändern.

Fest zum Beginn der Erntezeit

Der vierte große Sabbat leitet die Erntezeit ein. Das Fest hieß zur Zeit der großen Hexen und Magier Lammas oder Schnitterfest. Gefeiert wurde am ***2. August***. *Es ist ein Fest des Überflusses. Es ist auch das Fest des Brotes.*

In der Schule für magische Künste ist Backtag!

Die vier kleinen Sabbate

Wintersonnenwende – 21. Dezember

Dieses Fest markiert die längste Nacht des Jahres und die Wiederkehr der Sonne.

In der Schule für magische Künste wird alles mit Tannen, Misteln, roten Schleifen und Kerzen dekoriert. Aber die Zauberlehrlinge und Junghexen schmücken nicht nur im Schulhaus, auch die Bäume im Garten erhalten einen ganz besonderen Schmuck, nämlich Getreidegarben für Vögel und andere Tiere, damit diese auch schön Weihachten feiern können. In der Nacht wird natürlich freudig getanzt, wie es sich nach Hexenart gehört!

Frühlings Tag- und Nachtgleiche – 21. März

Das war in der Zeit der großen Hexen und Magier das Fest der Göttin Ostara. Jetzt sind Tag und Nacht gleich lang. Die Frühlings-Tag-und-Nachtgleiche ist ein Fruchtbarkeitsfest, mit dem die Ankunft des Frühlings, die Rückkehr der Göttin und das Erwachen der Natur gefeiert werden.

Wie alle Kinder feiern die SchülerInnen für magische Künste Ostern, sie färben die Eier alle rot, als Zeichen für Fruchtbarkeit und Leben, freuen sich auf den Osterhasen, dem Symboltier für Fruchtbarkeit.

Sommersonnenwende – 21. Juni

Sommersonnwende oder auch Mitsommer bezeichnet den längsten Tag des Jahres. Zu Mittsommer ernteten die alten Hexen und Magier zur Zeit der Kelten die magischen Kräuter zur Zubereitung von Heil- und Zaubertränken. Von alters her ist bekannt, dass die Eigenschaften der Pflanzen an diesem Tag maximal entfaltet sind.

An diesem Tag schneiden die Lehrer für magische Künste auch die Zweige, die zur Herstellung von Zauberstäben und Wünschelruten verwendet werden. Sie sehen es als gutes Omen, wenn sie einen Ast finden, der frisch von einem passenden Baum heruntergefallen ist.

Für Junghexen und Zauberlehrlinge ist dieser Tag tatsächlich mit sehr viel Arbeit verbunden, denn es ist bekannt, dass alle im Lauf dieses Festes zubereiteten Kräutermischungen stärker wirken. Außerdem brauchen sie zur Vorbereitung des Festes lange Zeit, denn es gibt an Mitsommer total viel zu essen: alles, was auf dem Grill zubereitet werden kann, Salate aus frischem Gemüse, Kartoffel-, Nudel- und Reissalat, frischer Obstsalat, Erdbeer-, Himbeer- und sonstiger Obstkuchen, Rosinenbrötchen und Weißbrot. Es gibt natürlich auch Holundersaft und, und, und …

Wenn dann alle Arbeit getan ist, wird wie gewohnt ein großes Freudenfeuer vorbereitet. Beim Feiern werfen Junghexen wie Zauberlehrlinge dann kleine Sorgenzettelchen ins Feuer: Wer eine Sorge hat, schreibt sie auf, wirft sie ins Feuer und schon ist die Sorge weg – heißt es! Aber am meisten interessieren sich die Junghexen und Zauberlehrlinge so etwa ab der fünften Klasse dafür, welche Junghexe mit welchem Zauberlehrling übers Feuer springt, denn die sind nach altem Recht miteinander verlobt oder „gehen miteinander", wie man heutzutage sagt.

Manche Lehrerkollegen der Schule für magische Künste nehmen sich an diesem Tag frei und fahren nach Stonehenge nach England zum Mitsommerfest der alten druidischen Vorfahren.

Herbst Tag- und Nachtgleiche – 21. Sept.

Und wieder sind Tag und Nacht gleich lang, allerdings werden die Tage ab jetzt wieder kürzer und die Nächte länger. Das Fest hieß zur Zeit der großen Hexen und Magier Mabon. Es ist das Fest von Erntedank!

In der Schule für magische Künste steht all das auf dem Speiseplan, was zu dieser Zeit geerntet werden kann, und außerdem werden Vorräte für den Winter angelegt.

Die Esbats

Die Sonne ist für das Wachsen der Pflanzen und somit für alles Leben verantwortlich. Doch auch der Mond hat einen Einfluss auf das Pflanzenwachstum. Früher wie auch wieder heute richten kluge Bauern ihre Pflanzaktivitäten nach dem Mondlauf. Wie der Jahreskreis wird der Mondlauf quasi in Kuchenstücke geteilt. Man spricht vom Mondkuchen oder vom Mondschild. Die Kuchenstücke oder Viertel des Mondes heißen: Vollmond, abnehmender Mond, Neumond und zunehmender Mond.

Jedes Mondviertel wird in sieben Tage unterteilt, macht zusammen 28 Tage. Der Mondzyklus!

Die Vollmondfeste

Bei Vollmond ist also die Zeit, die Früchte unserer Arbeit zu genießen. Und das taten die Hexen und Magier aus früheren Zeiten! Die 12 bis 13 Vollmonde stehen immer unter einem Thema, so als würde sich der Mond zu jedem seiner Vollmondfeste neu verkleiden:

- Der Vollmond im **Januar** ist der Wolfsmond – der erste Vollmond liegt in einer Zeit der Stille und des Planens. Das Vollmondfest wird in den Räumen der Schule für magische Künste gefeiert. Es ist ein ruhiges Fest und die SchülerInnen überlegen sich ihre Ziele und Aktivitäten für das neue Jahr, welche Fächer sie vertiefen wollen und so weiter. Ehrlich gesagt interessiert sie am meisten, wohin sie im Sommer in Urlaub fahren können...
- Der **Februar** ist der Sturm- und Eismond, das ist die beste Zeit zum Putzen – die Schule feiert eine riesige Putzorgie! Am Ende des Putztages gibt es lecker zu Essen aber wehe, wenn nur einer irgendetwas verkleckert, dann ist der Teufel los!
- Der **März**mond ist der keusche Mond, es ist die Vorbereitungszeit für Ostern. In der Schule werden bei Vollmond Eier bemalt...
- Der **April**mond ist der Sämond, die beste Zeit um Pflanzen zu säen.
- Der **Mai**mond ist der so genannte Hasenmond. Es ist die Zeit von Freude, Glück und Liebe. Entsprechend geht es in der Schule für magische Künste in den höheren Klassen zu ...
- Der **Juni** ist der Honigmond, zu diesem Vollmondfest machen sich die Junghexen und Zauberlehrlinge dann ganz schick, weil die Turbulenzen des Vormonates, was die Partnerwahl angeht, ausgefochten sind. Man zeigt sich mit dem Freund oder der Freundin ...
- Der **Juli**mond wird Weidemond oder auch Heumond genannt. Es gibt nichts Schöneres, als bei Vollmond auf einer Picknickdecke den Mond zu betrachten oder Muscheln zu sammeln am Strand.
- Der **August**mond wird auch Maismond genannt. Nun wird es Zeit, Kräuter zu sammeln für den Winter.
- Im **September** ist der Erntemonat. Ausufernde Essorgien folgen in der Schule für magische Künste.
- Im **Oktober**, dem Ahnenmond, führt man am besten coole Mondscheinwanderungen (s. S. 116) durch.
- Im **November** folgt der Schneemond. Erste Wintereinbrüche sind zu erwarten, die Schulpartys werden heißer, je kälter es draußen wird ...
- Im **Dezember** feiern wir den Eichenmond, mit Ruhe können wir das vergangene Jahr unter dem Mistelzweig betrachten und uns freuen ...
- Tja, und dann gibt es noch den **dreizehnten Vollmond**, den es nicht jedes Jahr gibt, weil der Mond ein paar krumme Touren um die Erdlaufbahn läuft. Kein Wunder, dass er für das Gefühl zuständig ist! Wenn der dreizehnte Vollmond im Jahreslauf erscheint, dann sollten wir etwas ganz Verrücktes planen. Dieser seltene Vollmond wird auch der blaue Mond genannt.

Mondscheinwanderung

Nach einer Idee von Brigitte Metscher, die ich auf einer ihrer Wanderungen begleiten durfte.
(Kontakt: 06151/14 78 43)

Zur Zeit der großen Hexen und Zauberer war es überhaupt keine Frage, zu Vollmond ohne Taschenlampe in den Wald auf den Hexentanzplatz zu gehen. Es war die natürlichste Sache der Welt, denn ein Feuer sollte unter freiem Himmel entfacht werden und eine Taschenlampe gab es noch nicht! Die Mondscheinwanderung soll also bei Vollmond durchgeführt werden, denn dann ist es im Wald hell genug – überhaupt, wenn die Bäume entlaubt sind, denn dann kann der Mond ungehindert sein Licht auf die Waldwege geben. Das Schönste an einer Mondscheinwanderung ist aber, dass die Geschäftigkeit des Tages verschwunden ist, die Welt im Mondlicht still und verzaubert ist und andere Geräusche aus der Dunkelheit nun an Bedeutung gewinnen.

Bitte darauf achten, dass die Junghexen und Zaubererlehrlinge tatsächlich keine Taschenlampen anknipsen. Erstens blenden sie damit ihre Augen, dass diese für die nächste halbe Stunde überhaupt nichts mehr sehen, zweitens werden von der Taschenlampe auch die umherflitzenden Elementargeister geblendet und die haben dann wirklich einen totalen Ärger, weil sie ja gar nicht mit der grellen Taschenlampenaktion gerechnet haben!

Es empfiehlt sich, dass die Wegbegleitung die Waldwege schon einmal vorher abgelaufen ist, damit sie sich einen Orts- und Zeitplan machen kann und die jeweiligen Orte auch im Dunkeln findet, wenn der Vollmond mal von Wolken verdeckt ist. Schließlich vermittelt sie ja die entscheidende Sicherheit, ohne die Junghexen und auch Zauberlehrlinge sofort der Mut verlassen würde.

Die Begleitung wählt auch einen Platz im Wald aus, an dem sich jeder Mondscheinwanderer einen Baum aussuchen kann, an den er sich bei Vollmond eine Weile lehnt. Das ist schon alleine eine große Mutaufgabe, weil die Bäume in der Dunkelheit ihre wahre Größe zeigen und der Baumstamm schwarz und unnahbar scheint. Hat man es dann endlich geschafft, atmet man ruhig und tief ein und aus und bedankt sich still bei dem Baum, dass er einen ohne einen großen Kratzer zu verursachen aufgenommen hat, und unter einem jetzt grad hoffentlich keine Spinne zerdrückt wird … Weiter geht es zum Hexentanzplatz, an dem ein kleines oder größeres Lagerfeuer darauf wartet, von den Mondscheinwanderern entfacht zu werden. Am Feuer wird je nach Jahreszeit und Vorbereitungsmöglichkeit etwas gegessen und getrunken, natürlich viel erzählt und, wenn noch Zeit ist, der Freundestanz getanzt.

Ein alter Freund und Magier verriet mir diesen Tanz, der eigentlich total einfach und daher leicht nachzumachen ist: Alle Freunde fassen sich an den Händen. Getanzt wird linksherum mit seitlichem Schritt. Bevor jeder zu tanzen beginnt, legt er die rechte Hand auf sein Herz und spürt nach seinem Herzschlag. Genau nach diesem Rhythmus beginnt er seinen Tanz. Bum – bu bum – bu bum – bu bum. Nach diesem Rhythmus beginnt er seinen Tanz im Kreise links herum. Gibt es einen Trommelspieler, prüft dieser auch zuerst seinen Herzschlag und spielt entsprechend seinen Rhythmus.

Wenn nun alle zusammen tanzen, wird auch der Rhythmus eines jeden Tänzers dem des Trommlers gleich.

Wenn das kein Freundschaftstanz ist!!!

Feste im Hexenwald

Wann immer sich die Junghexen und Zauberlehrlinge entscheiden, ein Hexenfest zu feiern, haben sie es sehr einfach. Getreu dem Motto: „Man soll die Feste feiern wie sie fallen" gibt es im Sonnen- oder Mondkalender immer einen passenden Anlass. Entsprechend der Jahreszeit wird dann dekoriert und gekocht. Und wie das geht, das wissen wir schon aus eigener Erfahrung, denn schließlich feiern wir die Jahresfeste auch schon seit Kindesbeinen. In einigen Punkten unterscheiden sich jedoch die Feste von gewöhnlichen Festen:

Der Festplatz

Die Hexen und Magier aus der alten Zeit feierten gerne unter freiem Himmel. Noch heute sind alte Hexentanzplätze bekannt. Der bekannteste ist der Brocken im Harz. Weil die alten Keltensiedlungen auf einem Bergrücken lagen, findet man auch auf der Bergkuppe die alten Festplätze. Wer also ein Hexenfest im Wald veranstalten will, der sucht sich eine schöne Waldlichtung, idealerweise auf einer Bergkuppe.

Das Hexenfeuer

Es wird immer um einen Mittelpunkt herum gefeiert, das ist in aller Regel ein Feuer (immer genehmigen lassen!), das kann aber auch ein Stein, ein Baum, eine Quelle, ein Bach oder einfach eine Wasserschale oder ein Räucherstäbchen sein. Das hängt damit zusammen, dass bei einem Hexenfest auch immer die Elemente Feuer, Erde, Wasser und Luft miteinbezogen werden.

Leckeres aus dem Hexenkessel

Zum Fest gibt es einfach alles, was Junghexen und Zauberlehrlingen schmeckt. Es gibt keine Einschränkung – alles ist erlaubt! Meist gibt es jahreszeitlich bedingt das, was auf dem Feld, dem Baum oder im Garten gerade wächst. Aber auch bei Würstchen und Grillfleisch sagen die Hexen nicht nein! Was nicht fehlen darf, ist Hexenwein und Sabbatkuchen! Hier die Originalrezepte aus einem alten Hexenbuch:

Hexenwein

Hexen und Zauberer trinken zu ihren Festen gerne einen guten, gewürzten Rotwein.

Zutaten: 1 l Johannisbeersaft, 1/2 l Holundersaft, 1 TL Kardamom, 1 TL Vanille, 1 TL Nelkenblüten, 2 TL Gartenkresse gemahlen, 1 Messerspitze Muskatnuss

Alle Zutaten in einen Topf geben, kurz aufkochen und das Ganze wieder abkühlen lassen. Den Kräutersaft 3 Tage gut durchziehen lassen. Anschließend durch ein Sieb in eine schöne Karaffe füllen.
Dazu den Sabbatkuchen reichen.

Sabbatkuchen

Sabbatkuchen hat eine sehr lange Tradition. Er hat einen festlichen, intensiven Geschmack und wird laut Überlieferung an den Hexenfeiertagen serviert.

Zutaten: 150 g Weizenmehl, 125 g Hafermehl, 50 g brauner Zucker, 75 g Butter, je 1 Essl. Honig, Weißwein und Wasser, 1 Prise Backpulver, Salz, Kardamom, Zimt und Nelkenpulver

Alle Zutaten zu einem Teig mischen. Aus dem Teig handflächengroße Küchlein formen und im vorgeheizten Backofen bei 220 °C etwa 20 Minuten backen.

Hexentänze

Getanzt wird auf einer Waldlichtung! Die Tänze gehen immer im Kreis herum. Die Themen der Hexentänze können ganz unterschiedlich sein! Sie richten sich nach den Jahreszeiten: Frühling, Sommer, Herbst und Winter. Sie richten sich nach den Elementen: Feuer, Erde, Wasser und Luft. Nach den Elementargeistern: Zwergen, Elfen, Nixen und Wassermännern oder Trollen. Nach den Planeten: Sonne, Mond und Sternen. Oder nach Gefühlen wie Freude, Glück, Traurigkeit oder Wut. Sie können sich nach den Tieren richten: Tiere der Erde, des Wassers und der Luft. Die Themenwahl ist unerschöpflich, weil das ganze Leben in seiner Vielfalt mit einbezogen werden kann. Das Wichtigste ist, dass jeder von Innen heraus seine Gefühle dabei zum Ausdruck bringen kann!

Entsprechend gestalten die Junghexen und Zauberlehrlinge mit ihren Lehrern für magischen Kreistanz einen Feuertanz, einen Erdtanz, Lufttanz, Wassertanz, einen Sonnentanz, Mondtanz, Sternentanz, einen Blumentanz, Baumtanz, einen Tiertanz, einen Elfentanz, einen Lichtertanz, einen Mut-, Wut- und Freudentanz – ganz wie ihnen der Sinn steht mit Bändern und Tüchern, mit Kerzen und in Verkleidung.

Der Stabtanz

Der wichtigste Hexentanz ist der Tanz mit Stäben. Zwar wird behauptet, die Hexen seien auf ihren Besen durch die Luft geflogen, tatsächlich haben sie aber mit großen Stäben getanzt. Der Stab symbolisiert zum einen die Freundschaft, wie wir es aus dem Tarot kennen, zum anderen symbolisiert der Stab auch den Zauberstab und damit die Energie, die aus uns selbst heraus kommt. Um mit dem Stab zu tanzen, braucht es ein wenig Übung, damit sich Junghexen und Zauberer die Stäbe nicht aus Versehen um die Köpfe schlagen! Von daher ist es wichtig, dass immer ein guter Abstand zum nächsten Tänzer gewahrt bleibt!

Ab 2. Klasse (ab 6 Jahren)
Material: pro TänzerIn ein Besenstiel oder entsprechender Stock aus dem Wald in gleicher Länge, Musik (s. u.)

- Zuerst tanzen Zauberlehrlinge und Junghexen seitwärts im Kreis, wobei sie darauf achten, dass sie mit ihrem waagerecht gehaltenen Stab die anderen TänzerInnen nicht beim Tanz behindern.
- Ist das geschafft, den Stab über den Kopf halten und rundherum und im schnellen Lauf hintereinander ums Lagerfeuer tanzen.
- Den Stab auf den Boden stellen, das Gesicht zur Mitte und einmal im Kreis um den eigenen Stock tanzen.
- Den Stab nun zur Kreismitte hin halten und mit einem lauten energiegeladenen Juchzer „Juchuuuh" gemeinsam einen Freudenschrei ausstoßen.

Der Stabtanz beginnt von vorne!

Hexenmusik

Das klassische Hexeninstrument ist die Trommel, sie begleitet jeden Hexentanz und bringt Rhythmus ins Spiel. Trommeln sind dem Element Erde zugeordnet und verstärken die Energie zur Erde hin! Aber auch Flöten, Fideln, Kalimbas, Regenrohre, Ocean-Drums – eben jedes magische Musikinstrument ist willkommen!

Wer auf Tonträger zurückgreifen will, dem sei die CD „Feuerwerk und Funkentanz" von Hartmut E. Höfele empfohlen, hier besonders die Stücke: Der Feuergeister-Flammentanz, Der Feuerfackel-Alchimist, Heia Walpurgisnacht, Das Sommersonnen-wende-Feuer (s. Anhang). Für alle Elementargeistertänze sei die CD „Bei Zwergen, Elfen und Trollen" von Hartmut E. Höfele empfohlen, hier besonders: Hinterm Berge wohnen Zwerge, Zwergennamen-Ratelied, Heinzelmännchen-Mitmachlied, Mondlaternentanz, Elfenreigen, Was macht denn der Wassermann, Das Fest im Unterwasserland, Hampelpampeltroll-Lied, Wundertraum (s. Anhang).

Wer es klassisch liebt, dem seien folgende Musikstücke empfohlen: Wagner: „Walkürenritt" aus „Ring der Nibelungen", Anfang Dritter Akt. Mussorgski / Ravel: „Bilder einer Ausstellung" hier „ Baba Jaga", Franz Liszt „Gnomenreigen".

Feste auf der Zauberburg

Genial wäre für das Fest eine Burg oder Burgruine, die zu mieten ist. Ist keine entsprechende Burg in der Nähe, einfach die eigenen Räumlichkeiten entsprechend „verwandeln".

Gefeiert wird wie im Hexenwald, allerdings kommen ein paar coole Spezialeffekte hinzu, wie es sich für Zauberer auf zugigen Burg eben gehört. Dekoriert wird mit Fackeln, Kerzen, aber auch Schwarzlicht findet sich zuweilen auf der Burg, denn Schwarzlicht ist das Zauberlicht schlechthin! Wir brauchen dazu nur eine so genannte Schwarzlichtlampe und schon können wir mit fluoreszierenden Farben Drachen oder Riesenspinnen gestalten, alchemistische Labore mit leuchtenden Flüssigkeiten entstehen lassen oder mit weißer Wolle riesige Spinnennetze dekorieren. Falls sich an der Schule für magische Künste kein Lehrer mit entsprechendem Fachwissen findet, sei folgendes Buch empfohlen: „Das Zauberlicht – Spiele, Aktionen und Theater mit Schwarzlicht für Kinder" (s. Anhang)

Das alchemistische Labor

Ab 2. Klasse (ab 6 Jahren)
Material: alle möglichen schön geformten leeren Flaschen, fluoreszierende Dispersionsfarbe, durchsichtige Schläuche (Baumarkt), Wasser, Schwarzlichtlampe, kleiner Tisch oder Mauerwerk

Die Dispersionsfarbe mit Wasser mischen und in die diversen Flaschen und Schläuche füllen. Alles miteinander verbinden und auf dem Tisch entsprechend arrangieren. Mit einer verdeckten Schwarzlichtlampe die Szenerie illuminieren.

Die Drachenhöhle

Ab 3. Klasse (ab 8 Jahren) mit ZauberlichtmeisterIn
Material: Zeitungen, Hasendraht, Kleister, Gipsbinden, 2 kleine Stöckchen (15 cm lang), Fahrradkartons, Tacker, Holzleisten (2 cm dick), 3 m fluoreszierender Tüll (feuerrot), Dispersionsfarbe (weiß und schwarz), fluoreszierende Dispersionsfarbe (gelb und rot), Pinsel, Malkittel, 1 Paar stabile Haushaltshandschuhe aus Gummi, Fingernägel zum Aufkleben, Klebstoff, schwarze Ackerfolie (Landmarkt), Draht, schwarzer Fotokarton, Schwarzlichtlampe

Der Drache

Aus Hasendraht grob einen **Drachenkopf** formen (ca. 60 cm lang und 40 cm dick). Wer am „Drachenhals" eine entsprechende Öffnung lässt, kann den Drachen auch bei einem Umzug auf den eigenen Kopf setzen ...

Diesen Drachenkopf mit Zeitungspapier und Kleister mehrlagig ummanteln.

Aus Gipsbinden Augenbrauen und Nüstern formen und auf den Kopf aufbringen. Für die Drachenzähne Stöckchen mit Gipsbinden ummanteln und durch den Drachenkiefer bohren.

Den fertigen Kopf austrocknen lassen. Mit normaler Dispersionsfarbe weiß grundieren und trocknen lassen. Mit fluoreszierender Dispersionsfarbe feuerrot bemalen. Die Augen gelb bemalen, nach dem Trocknen noch jeweils einen senkrechten schwarzen Strich als Echsenaugen aufbringen.

Aus Fahrradkarton **Drachenflügel** ausschneiden und diese mit Holzleisten und Tacker verstärken. Dann ebenfalls mit weißer Dispersionsfarbe grundieren, mit fluoreszierender Dispersionsfarbe rot anmalen.

Für den **Drachenkörper** und **-schwanz** den rot fluoreszierenden Tüll am Halsausschnitt des Drachenkopfes befestigen und später in der „Drachenhöhle" nach hinten drapieren. Die Fingernägel mit fluoreszierender Farbe bemalen und auf die Haushaltshandschuhe kleben. Diese so drapieren, dass sie wie Drachenkrallen wirken!

Drachenhöhle

Einen Winkel auf der Burg (oder im eigenen Keller) mit schwarzer Ackerfolie rundherum auskleiden. Den Drachenkopf mit stabilem Draht an der Decke befestigen, die Drachenflügel rechts und links des Kopfes mit Draht drapieren. Den fluoreszierenden Tüll erst nach unten zum Boden führen, hieran die „Drachenkrallen" befestigen. Dann den Stoff nach hinten hoch als „Drachenschwanz" an der Decke „schwebend" befestigen.

Vor die ganze Szenerie eine Schwarzlichtlampe stellen, diese mit schwarzem Fotokarton vor neugierigen Blicken zum Publikum hin verdecken.

Essen und Trinken

Zu Essen und zu Trinken gibt es reichlich auf der Zauberburg. Alles, was das Herz begehrt, wird aus der Burgküche auf silbernen Tabletts wie von Geisterhand serviert (an dieser Stelle bitten die LehrerInnen für magische Künste immer auf dem Elternabend die engagierten Eltern, doch etwas Kulinarisches zum Schulfest beizutragen ...). Das Buffet biegt sich dann immer förmlich unter den wunderbaren Speisen. Es gibt Zaubermuffins, Spinnenkuchen, Blutsuppe mit abgehackten Fingern und, und, und. Dazu brauchen die Eltern überhaupt keine Rezepte, sie nehmen einfach ihren gesamten Vorratsschrank und zaubern das Allerbeste daraus. Ein Rezept sei nun aber doch erwähnt, weil es gerade unter Zauberlehrlingen immer eine totale Begeisterung heraufbeschwört!

Zauberbrause

Zutaten: Ahoi-Brause, polnisches Kartoffelwasser (oder einfach Leitungswasser)

Ritual: Jeder nimmt ein Tütchen in die Hand, reißt den oberen Rand weg, schüttet sich etwas Wasser in die Brausetüte und versucht auf „Ex" das Zaubergetränk zu trinken! Wer es nicht schafft, hat am Ende einen nassen Zaubermantel, weil das Tütchen dann irgendwann durchweicht!
„Prosit", möge es nützen!

Unterhaltung auf der Zauberburg

Welcher Geist auf einer zugigen Zauberburg weht, ist ganz von ihren früheren Besitzern abhängig. Dass auf einer Burg Frankenstein gerne alchemistische Studien gesehen werden, ist genauso logisch, wie derbe Witze auf der Burg von Götz von Berlichingen. Um die Unterhaltung stilecht zu gestalten, dienen entsprechende Recherchen dazu, auch den früheren Burgherren und -fräuleins Rechnung zu tragen.

Ansonsten eignet sich als Unterhaltung das weite Feld der Illusionskunst und Salonmagie (vgl. S. 93) ebensowie die Gebiete der Mantik (vgl. S. 100).

Magischer Schwertkampf gegen Drachen

Verfügt die Burg über eine Drachenhöhle (s. o.), können die Zauberlehrlinge der Herausforderung eines Kampfes mit dem Drachen nicht widerstehen!

Ab 3. Klasse (ab 8 Jahren)
Musikvorschläge: Caesar Frank: „Symphonie D-moll", Charles Tournemire: Orgelwerk „Victim et Pascali Laudi", Benjamin Britten, „Warrequiem"
Material: schwarze Kleidung, schwarze Kapuzen, ein magisches Schwert, prächtiger Zaubermantel für sichtbaren Zauberlehrling

Ein Zauberlehrling tritt gegen den Leuchtdrachen an. Hierzu verstecken sich fünf schwarzvermummte Zauberlehrlinge in der Drachenhöhle, sie können unsichtbar Flügel, Drachenkopf, Drachenkrallen und Drachenschwanz bewegen.
Ein Zauberlehrling ist sichtbar und kämpft vor der Drachenhöhle mit magischem Schwert gegen den Drachen einen Scheinkampf.
Wer will, kann mit fluoreszierender Leuchtfarbe sogar ein bisschen Drachenblut fließen lassen ...

Am Ende des Stückes wirft sich der Zauberlehrling vor den Leuchtdrachen und bittet um Vergebung – der Drache nickt nachsichtig mit dem Kopf!

Geisterstunde auf Burg Frankenstein

Da sich in alten Gemäuern die Ahnen und Verblichenen gerne unter die Feiernden mischen, eignen sich Tänze in entsprechender Verkleidung, so haben es die Vorfahren viel einfacher, nicht erkannt zu werden und können sich so peinlichen Fragen von Erstklässlern entziehen!

Ab 1. Klasse (ab 4 Jahren)
Material: weiße Leintücher
Musikvorschlag: Ritter Rost „Das Gespenst"

Schlag Mitternacht ziehen sich alle Zauberlehrlinge und Junghexen weiße Leintücher über den Kopf und geistern nach Herzenslust durch die Zauberburg! Dann ist der Spuk zu

Ende!

Anhang

Verwendete und weiterführende Literatur

Biedermann, Hans: Lexikon der Magischen Künste, VMA-Verlag, Wiesbaden

Budapest, Zsusanna: Herrin der Dunkelheit, Königin des Lichts, Bauer-Verlag, Freiburg 1995

Francia, Luisa: Mond-Tanz-Magie, Verlag Frauenoffensive, München 1991

Gienger, Michael: Die Steinheilkunde, Verlag neue Erde, Saarbrücken 1995

Green, Marian: Das geheime Wissen der Hexen, Knauer, München 1996

Guhr-Biermann, Sabine: Das kleine hexen 1x1, Libellen-Verlag, Neunkirchen-Seel 2002

Haid, Hans: Mythos und Kult in den Alpen, Wiener Verlag, Wien 1992

Holzapfel, Veruna: Das Hexeneinmaleins, Smaragd-Verlag, Neuwied 2000

Kluge, Heidelore: Die weiße Magie der Hexen, Moewig-Verlag, Rastatt

Sperandio, Eric Pier: Weiße Magie, Goldmann, München 2003.

Stangl, Anton: Pendeln, Econ Ullstein List Verlag, München 2002

Van der Sluis, Claudia: Alte Traditionen, moderne Hexen, Iris-Verlag, Amsterdam 2001

Von Boysen, Tordis: Lexikon der magischen Symbole, Kersken-Canbaz-Verlag, Bergen 1993

Walker, Barbara G.: Die geheimen Symbole der Frauen, Sphinx-Verlag/Hugendubel, 1997

Wallrath, Bertram: Märchen zum keltischen Baum-Horoskop, Smaragd-Verlag, Woldert 2002

... für Kinder

Burnett, Lindy: Zauberhut und Drachenblut, ars edition, München 2001

Busse, Heike: Zauberhaftes Lernen, ein pädagogischer Leitfaden für das Zaubern mit Kindern, Borgmann-Verlag, Dortmund 2002

Dahl/Nordquist: Zahlen, Spiralen und magische Quadrate, Oetinger-Verlag, Hamburg 1996

Günther, Sybille: Bei Zwergen, Elfen und Trollen, Ökotopia Verlag, Münster 2003

Günther, Sybille: Das Zauberlicht, Ökotopia Verlag, Münster 1999

Günther, Sybille: Hallo Halloween, Ökotopia Verlag, Münster 2003

Günther, Sybille: Feuerwerk und Funkentanz, Ökotopia Verlag, Münster 2001

Hill, Douglas: Hexen und Zauberer, Die faszinierende Welt der Magie, Gerstenberg Verlag, Hildesheim 1997

Höfele, Hartmut E.: Bei Zwergen, Elfen und Trollen, CD, Ökotopia Verlag, Münster 2003

Höfele, Hartmut E.: Feuerwerk und Funkentanz, CD, Ökotopia Verlag, Münster 2001

Hoffman, Andreas: Abrakadabra...., moses-Verlag, Kempen 1999

Michalski/Rübel: Die schönsten Zaubertricks für Kinder, Verlag Ravensburger, 1993

Okamura, Arthur: Die Tricks mit dem hüpfenden Frosch & der vorgeschnittenen Banane, Oesch-Verlag, Zürich 2001

Romano, Pasqual: Das große Zauber-ABC, Die besten Zaubertricks von A-Z, Fleurus-Verlag, Köln 2002

Register

Zur Autorin

Zur Illustratorin

Sybille Günther, Erzieherin, Sozialpädagogin und Spieldozentin, hört manchmal in ihrem Hexenhäuschen bei Heidelberg, bei einer guten Tasse Tee im Kerzenschein ihrer Katze Lisa zu, die ihr schon so manches magische Geheimnis ins Ohr schnurrte ... Dann erinnert sie sich der Sibyllen, ihrer Vorfahren des antiken Griechenland, die Orakelsprüche in Bücher schrieben ...

Vanessa Paulzen, Jahrgang 1970, Studium Kommunikationsdesign an der Universität Essen mit Schwerpunkt Grafik/Illustration. 1995 einjähriges Stipendium an der Ecole Superiore d'Art Graphique in Paris. Illustrationen für mehrere Bücher, die im Ökotopia Verlag erschienen sind, u. a. aus den Reihen „Kinder spielen Geschichte" und „Auf den Spuren fremder Kulturen". Vanessa Paulzen lebt in Düsseldorf und ist neben ihrer Arbeit als Grafikerin auch als freie Künstlerin tätig.

Danksagung

Ich danke allen guten Geistern, die mir bei diesem Projekt geholfen haben! Besonders aber Hilde Adam, der Lektorin des Ökotopia Verlages für ihre Unterstützung, guten Ideen und ihren feinen Humor.

Sybille Günther

Bisher im Ökotopia Verlag von Sybille Günther erschienen: Iftah ya simsim · Das Zauberlicht · Feuerwerk und Funkentanz · Snoezelen · Von Räubern Dieben & Gendarmen · Hallo Halloween · Helau, Alaaf und gute Stimmung · Bei Zwergen, Elfen und Trollen

---

- Wer Interesse an Fortbildungen der Autorin hat (themenorientierte Spielprojekte, Snoezelen, Schwarzes Theater),

- oder Sybille Günther und das Team von MOMO mit zauberhaften Inszenierungen (orientalisch, räuberisch, elfengleich oder an Halloween) als Mitmachtheater, große Spielaktion oder als Bühnenprogramm für ein Kinderfest buchen will,

der kann schriftlich, telefonisch oder via Internet persönlichen Kontakt aufnehmen (siehe unten).

Wer selbst aktiv werden will, findet bei **Momo** – Zeit zum Spielen, dem Spieleladen der Autorin, alle benötigten Materialien, sei es

- für das Spiel im Schwarzlicht,

- zur Einrichtung und Belebung von Snoezelenräumen,

- zur fantasievollen Ausstattung von Spielfesten, Zirkusprojekten

- einfach für mehr Spaß bei der alltäglichen pädagogischen Arbeit.

Der Laden findet sich in einem über vierhundertjährigen Fachwerkhäuschen im tiefen Odenwald und als Online-Shop unter:
www.momo-online.com
E-mail: office@momo-online.com

Momo
Zeit zum Spielen

Am Hanfmarkt 4
69151 Neckargemünd
Tel: 06223 / 80 96 66
Fax: 06223 / 80 96 67

Der Fachverlag für gruppen- und spielpädagogische Materialien

Ökotopia Verlag und Versand

Spiele, Spiele in Gruppen, Lernspiele
Bewegungsspiele, Brettspiele, kooperative Spiele

Fordern Sie unser
kostenloses Programm an:

Ökotopia Verlag
Hafenweg 26a · D-48155 Münster
Tel.: (02 51) 48 19 80 · Fax: 4 81 98 29
E-Mail: info@oekotopia-verlag.de

WELTMUSIK FÜR KINDER

Besuchen Sie
unsere Homepage!
Genießen Sie
dort unsere Hörproben!

http://www.oekotopia-verlag.de
und www.weltmusik-fuer-kinder.de

Das Zauberlicht
Spiele, Aktionen
und Theater mit
Schwarzlicht für
Kinder

ISBN: 3-931902-50-1

Von Räubern, Dieben und Gendarmen
Abenteuerliche
Spiele, Geschichten,
Basteleien und Lieder
rund um das wilde
Räuberleben

ISBN (Buch): 3-931902-97-8
ISBN (CD): 3-931902-98-6

Abenteuer Medienwelt
Vom Zeichenbrett
zum Internet
– neue und bekannte
mediale Spielräume
entdecken, verstehen
lernen und kreativ
gestalten

ISBN: 3-931902-93-5

Feuerwerk & Funkentanz
Zündende Ideen:
Spiele, Lieder und
Tänze, Experimente,
Geschichten und
Bräuche rund ums
Feuer

ISBN (Buch): 3-931902-85-4
ISBN (CD): 3-931902-86-2

Wilde Spiele
Spiele, Spaß und
Abenteuer für
tobelustige und
verwegene Gruppen

ISBN: 3-925169-80-6

Abenteuer leiten – in Abenteuern lernen
Methodenset zur Pla-
nung und Leitung
kooperativer Lernge-
meinschaften für Trai-
ning und Teamentwicklung in Schule,
Jugendarbeit und Betrieb

ISBN: 3-931902-53-6

Bewegte Spiele für die Gruppe
Neue Spiele für Alt
und Jung, für drinnen
und draußen, für
kleine und große
Gruppen – für alle
Gelegenheiten

ISBN: 3-931902-74-9

Leiten, präsentieren, moderieren
Lebendig und kreativ

Arbeits- und
Methodenbuch für
Teamentwicklung
und qualifizierte Aus-
und Weiterbildung

ISBN: 3-931902-20-X

Der geflügelte Bleistift
Jede Menge Spiel-
ideen und Aktionen
rund um Schreiben,
Lesen und Literatur

ISBN: 3-931902-51-X

Tüfteln, Grübeln, Ideen schmieden
Kinder erleben in
kreativen Aktivitäten
die spannende Welt
der erfindungen

ISBN: 3-936286-34-5

Kinder treffen Mona Lisa
Die Kunst großer
Meister der Renais-
sance spielerisch
erleben

ISBN: 3-93628-43-4

Wir verstehen uns gut
Methoden und
Bausteine zur
Sprachförderung
für deutsche und
zugewanderte Kinder

ISBN: 3-931902-76-5

Kinder spielen Geschichte

Floerke + Schön

Markt, Musik und Mummenschanz

Stadtleben im Mittelalter

Das Mitmach-Buch zum Tanzen, Singen, Spielen, Schmökern, Basteln & Kochen

ISBN (Buch): 3-931902-43-9
ISBN (CD): 3-931902-44-7

G. + F. Baumann

ALEA IACTA EST

Kinder spielen Römer

ISBN: 3-931902-24-2

Jörg Sommer

OXMOX OX MOLLOX

Kinder spielen Indianer

ISBN: 3-925169-43-1

Bernhard Schön

Wild und verwegen übers Meer

Kinder spielen Seefahrer und Piraten

ISBN (Buch): 3-931902-05-6
ISBN (CD): 3-931902-08-0

Im KIGA, Hort, Grundschule, Orientierungsstufe, offene Kindergruppen, bei Festen und Spielnachmittagen

Auf den Spuren fremder Kulturen

Die erfolgreiche Reihe aus dem Ökotopia Verlag

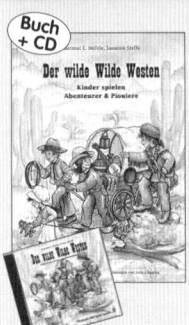

H.E.Höfele, S. Steffe

Der wilde Wilde Westen

Kinder spielen Abenteurer und Pioniere
ISBN (Buch):
3-931902-35-8

Wilde Westernlieder und Geschichten

ISBN (CD): 3-931902-36-6

P. Budde, J. Kronfli

Karneval der Kulturen

Lateinamerika in Spielen, Liedern, Tänzen und Festen für Kinder

ISBN (Buch): 3-931902-79-X
ISBN (CD): 3-931902-78-1

Sybille Günther

iftah ya simsim

Spielend den Orient entdecken

ISBN (Buch): 3-931902-46-3
ISBN (CD): 3-931902-47-1

WELTMUSIK FÜR KINDER

Kinderweltmusik im Internet
www.weltmusik-fuer-kinder.de

H.E. Höfele, S. Steffe

In 80 Tönen um die Welt

Eine musikalisch-multi-kulturelle Erlebnisreise für Kinder mit Liedern, Tänzen, Spielen, Basteleien und Geschichten

ISBN (Buch): 3-931902-61-7
ISBN (CD): 3-931902-62-5

Gudrun Schreiber, Chen Xuan

Zhong guo ...ab durch die Mitte

Spielend China entdecken

ISBN: 3-931902-39-0

D. Both, B. Bingel

Was glaubst du denn?

Eine spielerische Erlebnisreise für Kinder durch die Welt der Religionen

ISBN: 3-931902-57-9

M. Rosenbaum, A. Lührmann-Sellmeyer

PRIWJET ROSSIJA

Spielend Rußland entdecken

ISBN: 3-931902-33-1

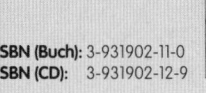

G. Schreiber, P. Heilmann

Karibuni Watoto

Spielend Afrika entdecken

ISBN (Buch): 3-931902-11-0
ISBN (CD): 3-931902-12-9

Miriam Schultze

Sag mir, wo der Pfeffer wächst

Spielend fremde Völker entdecken
Eine ethnologische Erlebnisreise für Kinder

ISBN: 3-931902-15-3